蕎麦《そば》なぜなぜ草紙《ぞうし》

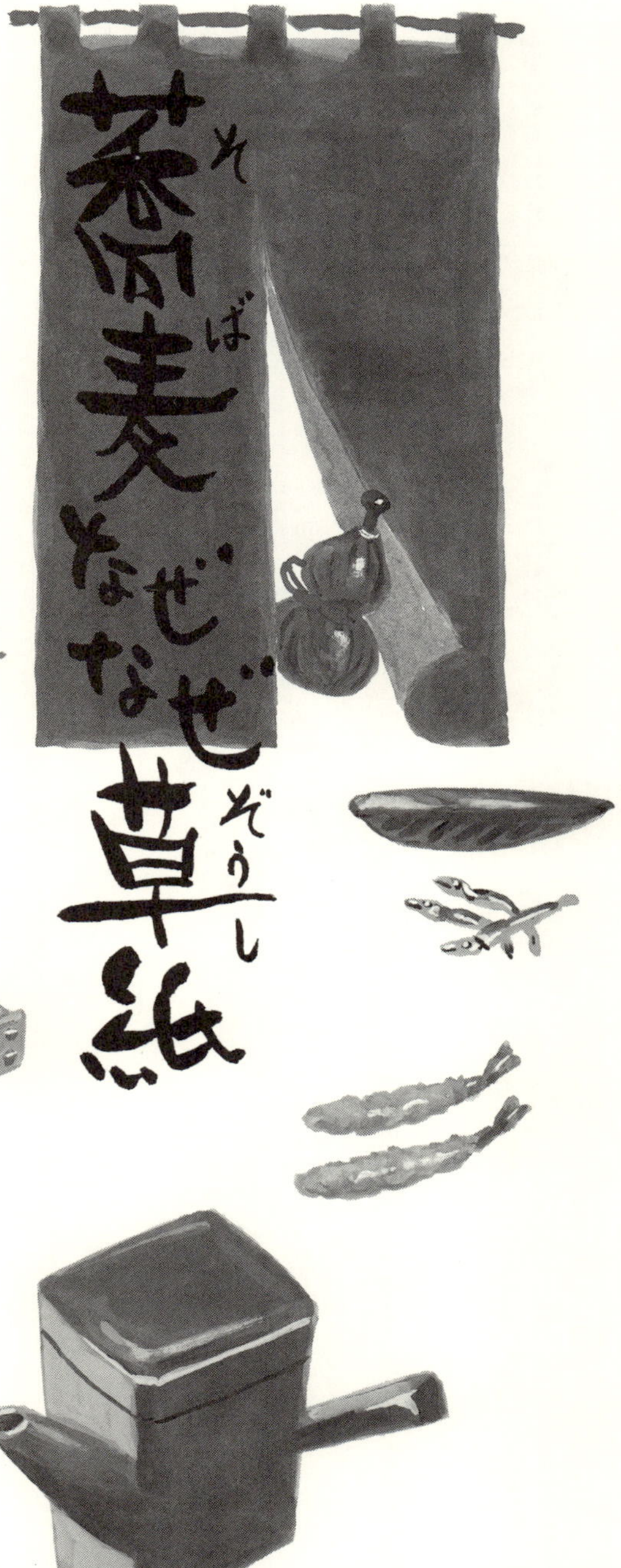

藤村和夫 著

ハート出版

蕎麦なぜなぜ草紙［目次］

序――これはアンチョコです。 11

蕎麦なぜなぜ草紙❖

一、なぜ「そば」は「蒸籠」に盛られているか 20
二、なぜ「そば」はノビるのか 30
三、なぜ「そば」は「チョコ」で食べるか 37
四、なぜ「そば屋」の箸は「元禄」か 38
五、なぜ「そば屋」の薬味の主体は「葱」なのか 40
六、なぜ「大根おろし」はあまり付かないか 42

目　次

七、なぜ「薬味」の二番手は「山葵」なのか　44
八、なぜ「唐辛子」が付きものか　46
九、『蕎麦全書』の薬味　48
一〇、なぜ「手打ちそば」は美味しいのか　49
一一、なぜ 機械のない江戸時代から「手打ちそば」があったか　55
一二、「そば」の美味しい不味いは、どこで判断できるか　60
一三、江戸のそばの太さはどのくらいか　66
一四、なぜ 現在の手打ちには「麺棒」を三本使うか　73
一五、なぜ「そば」は細く長くなったか　74
一六、なぜ「うどん」は「そば」より太いのか　79
一七、「そば」と「うどん」の国境線はどこか　87
一八、なぜ「そうめん」を茹でるときに湯の表面に半紙を乗せるか　91

一九、色が濃いほど「そば粉」がたくさん混ぜられているのか 92
二〇、「さらしな」に「さらしなそば」を盗まれた「さらしな」 98
二一、なぜ「そば」は「茹でたて」でなくてはならないか 104
二二、なぜ「もりそば」に熱湯をかけた「湯通し」があるのか 111
二三、なぜ「乾いたそば」に「日本酒」をかけるのか 114
二四、なぜ「そば」は江戸で好まれたか 117
二五、なぜ「お一人前」というと蒸籠が二枚出てくることがあるか 123
二六、なぜ「そば」を食べると力が出るか 124
二七、なぜ風邪をひいたときに「うどん」を食べるのか 131
二八、なぜ「うどん」は「うどん粉」で作るのか 132
二九、「夜そば売り」は何を売っていたか 134
三〇、「種物」はいつ頃からあるか 138

目　次

三一、「しっぽく」と「五目そば」と「おかめ」の違い　139
三二、「玉子とじ」と「かきたま」と「けいらん」の違い　142
三三、なぜ「鴨南蛮」の「葱」がときどき焼いてあるか　146
三四、なぜ「天もり」が「岡」へ上がったか　149
三五、「色物」と「変わりそば」　152
三六、なぜ「蒸籠」に盛り海苔をかけたそばを「ざる」というか　153
三七、なぜ「庵」のつくそば屋が多いのか　159
三八、なぜ「そば」と「お寺」と関係が深いか　161
三九、江戸時代の「そば汁」　163
四〇、「出汁が利く」というのはどういうことか　167
四一、なぜ「煮物」に出汁を使うのか　174
四二、なぜ煮物でない「そば汁」に出汁を使うのか　177

四三、どんな「そば」と「汁」のときに下のほうにチョコッとつけて食べるのか　180
四四、なぜ「江戸のそば汁」の色は濃いか　185
四五、なぜ「そば汁」は「タレ」と呼ばないか　189
四六、「かつおぶし」は全部「鰹」でできているのか　190
四七、なぜ「日本酒」は燗されたのか　194
四八、カビの国「日本」　195
四九、なぜ「そば汁」は「八方汁」と呼ばれるのか　200
五〇、なぜ海で採れる昆布に「山出し」があるのか　202
五一、なぜ「大晦日」にそばを食べるのか　204
五二、なぜ「引っ越し」をするとそばを配ったか　208
五三、なぜ「棟上そば」があったか　211
五四、なぜ「お雛様」にそばを供えるか　212

目次

五五、なぜ「口入宿」があったか 213
五六、「やどやの親分」の仕事 215
五七、そば屋の「職人」になるには 219
五八、そば屋の職人の「階級」 220
五九、なぜ「出前機」で出前をするようになったか 222
六〇、なぜ「出前持ち」は「ドンブリ」のついた腹掛けを着ているのか 226
六一、なぜ「そば」を食べた後で「そば湯」が出てくるのか 230
六二、なぜ「そば湯」を「湯桶」といい、湯桶はふつう四角いか 235
あとがき 237

本文イラスト　日高康志

序——これはアンチョコです。

昔、素人さんからそば屋へ新規参入された方が、そばについて、まるで神がかり的なことを述べられているのを聞いたり、旧来のそば屋では考えられないような解説をされているので、びっくりしたことがあります。

その折、私ども、そば屋育ちの技術の基本を『そばの技術』（食品出版社刊）という本にし、私どもが聞いて覚えてきたそばの作り方や口伝《くでん》を記録いたしました。それもかれこれ二五年前になります。

やり方、技術のことばかりでなく、そば屋やその周辺でさまざまな習慣があります。ところが、それがいつのまにか「なぜ、そうなっているのか」ということがわからなくなり、それに珍奇な解説がついたりしております。

先日も、お客様方が、「そばにはどこまで汁《つゆ》をつけるべきか」と、大変お悩みであったことを知りました。これは落語家の責任かもしれません。そば屋のほうの宣伝不足もそれに輪をかけたのでしょう。一体、なぜ、そばの下のほうにだけ汁《つゆ》をつけ、もぐもぐと食べずにすすり込むという形態が定説になったのでしょうか。

そうした「なぜなぜ」や、「それをどこで調べればわかるか」を、いささか独断と偏見に満ちたところもあるかと思いますが、そこはかとなく書き綴ってみたいと思い立ち、また、筆をとりました。

なぜ、このようなことを思い至ったかというと、最近、テレビのクイズ番組のネタ探しによくお問い合わせをいただきますが、それが、私どもにとっての常識が、結構、あまり突拍子もなく、そうかといって皆が知っていることがないといううきわどい知識になっているところから利用されていることが多いので、番組編成担当者や、解答者のアンチョコ（この言葉もおわかりいただけますでしょうか）として役に立つのではないかという思惑です。

まず「アンチョコ」の解説ですが、『広辞苑』によりますと、

「安直（アンチョク）の訛り。中学生などの教科書の安易な学習書の称。虎の巻」

と、されております。

ところが、現在では、「安直」という言葉自体があまり使われておりません。「安直」は「手軽」という意味よりも「安値」という意味が強く、値段が安くなければいけません。それでも中身にはウソはありません。間違った解答では先生に叱られるだけです。

中学生の頃、間違ったアンチョコを皆が使い、先生に解答したところ、「お前たちはあのアンチョコを使っているな」とバレてしまったことがあります。

アンチョコは手軽に解答がわかるだけではなく、親切なアンチョコには、もっと真面目に調べたい場合の手引きが書かれていることもあります。

だいたい、私などは、学者と違って、膨大な未発表資料を、お蔵の中などから発見し、その読めない文字を解読し、その解釈をし、その因《よ》って立つ原典や事柄を調査し、その真実を探り、それを現代語訳し、読みやすいように活字にして発表するなどということはとてもできませんので、その結果だけを参考にして物知りぶっているだけです。

この本をご覧になる方も学者になられるわけではないでしょうから、安直に知識を手に入れられても決して悪いことではないでしょう。

だいたい人間とは不自由なもので、生まれたときには頭の中はカラッポ、それを学習によって知識を蓄えていくしか手段がないので、人類が発生した頃には、それこそ食べられるものの判断、それを探す方法、危険についての知識が最高に必要だったのでしょうが、時代がたつにつれて、アルキメデスが厄介なことを発見したり、中国で紙が発明され、はじめのうちは「洛陽の紙価を高める」程度に手で写されていたものが、グーテンベルクなどという人がよけいなことを思いついたので、それまで全く関係のなかった人間まで勉強しなければならなくなったのです。

それも、時代がたつにつれて、発明、発見が増え、覚えることが多くなるものですから、「少年老い易く学成り難し、一寸の光陰軽ンずべからず」とお尻をひっぱたかれました。役に立たないことはどんどん忘れていかないと、とてももちません。

覚えることは、文明国では皆本に書かれているのですから、暗記しておく必要はないのです。「ソレは何処に書かれているか」がわかれば、その本を調べれば良いし、近頃ではその本を買ったりしないでも、図書館に行けばいながらにして全国の図書館の本が借りられますし、データベースというものもあります。

以前から、そばのデーターベースを作ろうと思っているのですが、昔はスキャナーなどという便利な道具が庶民の手には入らなかったので、まだできておりません。

ついでに、よけいな雑学も入れておきます。真面目な本でしたらページの無駄であるとカットされますが、そばに関してはそうアンチョコに書く項目もないので、周辺も取り込んで「横丁の隠居」風に、これまで覚えてきたヨタ話も書かせていただきます。

こういう話は一番先に忘れられてしまうかもしれません、まず記録されることはないのです。

昔、「あの人からこの話を聞いておこう」などと思っているうちに、その年寄りが亡くなったりしましたが、そのときには宝船が宝物を積んだまま沈没してしまったような気がして大変がっかりしたもので、それを少しでも補おうと聞いただけの話は『そば屋の旦那衆むかし語り』（ハート出版）という本にしました。

まだ活字にしていないものもあり、それを聞いている私なども、もしかすると、そろそろ宝船になっているかもしれません。

つまらない宝ですが、せいぜい荷を下ろしておきます。その宝物も、どこかで発見したものです。発見場所がわかれば、まだ埋まっています。見落とし、拾い残しはまだまだたくさんあります。ですから、どこにあるかも書いておきました。

それを一度でもチラッとでもご覧になれば、アンチョコ頼りよりもはるかに自信がつきます。そんなことをしないでも、結構能書きがいえるくらいはここに書いたと思います。

近頃、お知りあいのそば好きな方に、そばについての「ごく素朴な疑問」を一生懸命聞き出しております。そば屋のほうからすると、「アア、そんなことに悩まれていたのですか」というようなことが多く、またそば屋からすると「エッ」というような、こちらも忘れてしまったようなこともあります。

こういう「エッ」というようなことは、おそらく現役のそば屋の主人も知らないでしょう。それではお客様から聞かれて恥をかきます。ついもっともらしい返事をして、それがまたマスコミを通じて広がって、常識として通用してしまっているのでしょう。

汁《つゆ》にどこまでそばをつけるべきかは、そうして食べては美味しくないそばや汁《つゆ》を売っているそば屋まで「下のほうにチョコッとつけて」などといっております。

そば屋に入ってそばを眺め、「どこまで汁《つゆ》をつけるか」を悩んでいると、目の前のそばはたいてい蒸籠《せいろう》に盛られています。手前には割り箸、脇の薬味皿には、たいてい薄輪切りの葱と山葵《わさび》、テーブルの端には七味唐辛子。

「なぜ、そばは蒸籠《せいろう》に盛られているのか。薬味は入れるべきか」などと哲学的に考えておりますと、そばは延びてしまいます。「そばは、なぜノビルのか」と疑問は広がります。

そんなふうに考えられる点が、そばが飽きられず、お客様からご支持をいただいているところかもしれません。遊べるところがたくさんあるのです。

そばのうまい、不味いについての論議、討論も活発です。「法論はどっちが負けても釈迦の恥」ですが、「鰯の頭も信心から」、「幇間《たいこもち》お宗旨ばかりは負けていず」。

他人の信心をくさすとロクなことはありません。「さわらぬ神に祟りなし」です。もっとも同じそば同士でくさしあっている分には、命にかかわることはありません。

昔から、お天気の話と食べ物の話をしていれば無難なことになっています。そうかといって「法論」をするにも、知識が足りないと負けてばかりいます。

蕎麦なぜなぜ草紙

一、なぜ「そば」は「蒸籠」に盛られているか

「もり」というと、たいてい四角い枠に、スダレを敷いた容器に盛られております。なかには笊《ざる》に盛られたものもありますが、ほとんどはこうした器で、これは「蒸籠《せいろう》」と呼ばれております。

この容器は、昔は生地は檜で、外も中も、本漆で何回も重ね塗りされており、チョロけると塗りなおしをされ、長く使われました。丸いものも下地は檜の曲げものです。

漆器は、塗りたては漆のにおいが強いので、半年ほど店で寝かしてから使いました。ですから、店にはたくさん用意されており、その上「塗師屋《ぬしや》」に塗りなおしを頼みますと、まず半年は返ってきませんので、よけいストックが必要です。

塗師屋《ぬしや》にいわせますと、まず、ふだんそば屋が乱暴に使っているので、その表面をこそぎ落とし、完全に乾かし、狂いを治してから塗りますし、漆というものはなかなか乾かず、触れるようになるまで時間がかかるからだそうです。

漆を塗る場所は、昔は「紙帖《しちょう》」という、麻で織られた蚊帳《かや》が普及されてからも使われた、紙製の八畳敷きもある蚊帳《かや》を部屋の中につって、その中で仕事をしました。漆を塗る仕事場は空気が乾燥してはいけないし、風が当たってもいけないいし、埃《ほこり》がついてもいけないからです。冬には当時の家は空気の流通が良すぎるので、部屋の中につって防寒用にもしたくらいですから、夏などには大変な暑さだったでしょう。そうかといって、高温多湿でないと漆がきれいに塗り上がらないので、夏も紙帖《しちょう》をつり、冬は乾燥しすぎていけないので、湿度を保つために中で鍋に湯を沸かし、もったいないのでそこで大根を煮たのが風呂吹き大根です。それは、この紙帖《しちょう》の中を風呂というからです。

ウソのような話ですが、そば屋に二〇〇年以上も漆器を供給し続けている「鍵屋仁佐衛門」の、もう亡くなった旦那に伺いました。川上行蔵さんの、柴田書店から出した『湯吹きと風呂吹き』という本をご覧になると、さらに蘊蓄《うんちく》が深まります。

——めし時といえばぬし屋はによっとでる　　柳多留　初・二七

漆器屋のことを「塗師屋《ぬしや》」と呼び、飯時まで風呂の中に入っているからです。現代でも、本物の漆器の蒸籠《せいろう》もありますが、圧倒的にＡＢＳなどというプラスチックになり、かえってチョロけたりして不愉快になることはありません。見分け方は、まずあまりきれいでなく、ところどころ剥《は》げていればすぐに本物とわかりますし、きれいであったら、指ではじいてみて、硬い音がしたらプラスチックです。

ですから、いまだに廃《すた》れず使われております。笊《ざる》に盛っている店でも「もり」のことを「おせいろう」といいますが、これは看板に偽りありです。しかし、そば発生の頃から、この中にスダレの敷かれた容器が使われており、それが「もり」で、江戸中期以降、「ざる」に盛られたそばが売られましたが、これは現代の「ざる」とは異なり、「海苔《のり》」はかかっておりません。やはり「もり」だったのでしょう。

推定するところでは、蒸籠《せいろう》より笊《ざる》のほうが大きく、「盛り」をよくするのがやさしかったからでしょう。今では、笊《ざる》に盛ってある「もり」のほうが、蒸籠《せいろう》に盛られた「もり」より「さくら」のことが多いようです。

「さくら」とは、そばやの隠語で、「きれい」ということで「そばの量が少ない」ということをあらわします。お客様が「そばは少なくしとおくれ」とご注文になったら、「蒸籠《せいろう》一枚、台はさくら」と通します。ついでに、「通す」という意味は、調理場に注文するということです。そば屋の用語はいろいろ厄介です。

なぜ、たかがそば屋の道具に漆器が使われていたかといえば、今日こそ漆器は芸術品で、輪島などが有名ですが、江戸時代では、漆器は江戸の名産だったからです。もちろん磨き出しなどは使われず、もっぱら、上が朱で裏が黒で、四角いもの、長方形のものがあり、丸い蒸籠《せいろう》もあります。表面に出っ張りがあるものを「角が生えているから」「角蒸籠《つのせいろう》」と呼びます。朱がもう少し茶色っぽくなると「丹塗り《にぬ》」になります。「青丹好《あおによ》し奈良の都は咲く花の」の色です。

蒸籠《せいろう》は、そばができた頃から使われていたと考えられます。もっとも、当時の使い勝手から推測しますと、漆などは塗っていなかったはずです。次の蒸籠《せいろう》の頃にはもう漆塗りだったことでしょう。

「小さき蒸籠《せいろう》に盛り、そうめんのごとくに汁《つゆ》をつけて食べるのを『盛り』という」と、十九世紀の中頃に、当時の紀州藩士によって書かれた『江戸自慢』という本に書かれております。この『江戸自慢』は、今では、三田村鳶魚《えんぎょ》編『未刊随筆百種』（中央公論社刊）第八巻五三ページに載《の》せられております。そう長いものではありませんので、ぜひ一度お読みください。

当時は、一生に一度も江戸を訪れたことがない人のほうが多かったようで、文化はそれぞれの地方ごとに異なり、風俗習慣も、それこそ現代の日本と外国ほど違っておりましたから、「赤ゲット」（これは、地方から東京見物にきた「ポット出」が、赤いケット《ブランケット》を外套がわりに羽織っていたからです。それがモダンだったのです）が知ったかぶりをしてもすぐにばれました。

モボ、モガというのもありました。エノケンさんのヒットに「俺は村中で一番、モボだといわれた男」というのがあり、「青シャツに真っ赤なネクタイを締め、鳥打ちハット」をかぶり銀座に行きますが、この和歌山藩士は江戸に行った自慢話を本にまでし、それをさらに読んだ人が筆写し、江戸に行ったときに恥をかかないように用意したのです。

昔は「田舎者」というと大変馬鹿にしました。古くは、平家物語が木曾義仲をさんざんに笑い者にしています。

——そばがきをねこまのともへやたらしい　　柳多留　四・二

大食らいは江戸者の軽蔑するところで、江戸っ子は小食のかわりに、間にそばとかまんじゅうとか買い食いは盛んでした。

赤ゲットの前には「浅黄裏《あさぎうら》」と、地方のもの知らずの侍を江戸っ子が総称しました。

羽織の裏地が「薄みどり」だったからで、この人たちは吉原でもてなかったようです。それこそ、立ち寄るとボラレる店の注意から、いたれりつくせりで、大変面白く読めます。なにより気に入っているのは、この和歌山藩のお医者さんが、大のそば屋のファンで、江戸中を歩き回っては、必ず見物先のそば屋でお腹をくちくしたということでしょう。

これはあと五〇年足らずで江戸が東京になる頃の話ですが、蒸籠《せいろう》は江戸初期の、一六五〇年頃にはそばに使われていたそうです。

新島繁編著『蕎麦の事典』（柴田書店）に詳しく書かれております。

蒸籠《せいろう》が使われるようになったのは、同じ新島繁著『蕎麦史考』（錦正社刊）の「蒸し蕎麦切り」の項に、室町時代に「甑《こしき》」で蒸す「熱麦《あつむぎ》」から始まったのではないかと書かれておりますが、そばも、江戸に流入し、屋台で売られるようになると、釜で茹でるより、七輪に鍋をかけ、沸騰させて蒸気を立ち昇らせ、そこに蒸籠《せいろう》にそばを入れ、重ねて蒸しているほうが、水も燃料も少なく済み、場所もとらなかったので、それが本流になり、従ってそばは蒸籠《せいろう》に盛られる習慣になったのでしょう。

現在でも、「飲茶」の店では、「小さな曲げ物の蒸籠《せいろう》に、饅頭やギョーザを入れ、蒸して売っている店を飲茶という。好みに任せて早く返事をすることなり」と、江戸自慢風に薀蓄《うんちく》を傾けることができます。

この蒸籠《せいろう》はスダレが下になっており、品物は表面から出ていません。そばの蒸籠《せいろう》のほうはスダレは上のほうに置かれ、そばが盛り上がって見えます。

これは、『蕎麦の事典』によりますと、天保年間（一八三〇年以降）に、そば屋がそばの値上げを申請したときに、お上が、「値上げは認められないが、蒸籠《せいろう》を上げ底にして、多く見えるようにし、目方を減らすのはよろしい」と行政指導されてからのことだということです。

そばが蒸されず、釜の中の湯で茹でられるようになったのは、いつからのことかはっきりしませんが、

――おっときたなとそば釜のふたをとり　　柳多留　一五・九

という川柳が「安永九年」といいますから、一七八一年にありますし、一七五一年に書かれた『蕎麦全書』には、蒸すのと煮るのと両方書かれておりますから、この頃が境目でしょう。

なお、この『蕎麦全書』は、そばの物知りにとっての最大のアンチョコで、前出の『蕎

麦史考』の中に、解説付きで載《の》せられております。

そば屋は、それから二五〇年以上にもわたって、いまだに「おっと来たな」とそば釜の蓋《ふた》をとっています。

「来た」という意味は「沸騰した」ということで、沸騰させることを「釜を呼ぶ」と、いまだにいっております。

「呼ぶ」から「来る」のです。

蒸籠《せいろう》はすでに「蒸す」という役割を終えております。しかし、現在でも使われており、蒸籠《せいろう》に盛るのはスダレが、そばの水気を取り去るために使われているというように思われているほど、役割が変わっております。

しかし、これは、下から蒸気が立ち昇るようにできておりますから、水分が多いと、スダレの目の間が狭いので、毛細管現象で水がたまってしまいます。ですから、心がけの良いそば屋では、蒸籠《せいろう》の枠は高価ですから一枚でも、その二倍か三倍のスダレを用意し、いちいちスダレをかえてそばを盛ります。

これで見ますと、水を切るというより、下面のそばに水に漬かないで、空気に晒《さら》されるようにするためといえるでしょう。蒸籠《せいろう》は使い終わると、いちいち拭かれますし、お客様に蒸籠《せいろう》をお出しするときにも、いちいちまわりを拭きます。

このために昔は「嵌《は》め殺《ころ》し」であったスダレが取り外しできるようになったのですし、使い終わったスダレは釜の湯で茹でて消毒し、乾燥させてから使います。

蒸籠《せいろう》が長方形であれば、お客様にお出しするのに、並べる方向を間違えませんが、正方形ですと、むずかしくなります。お客様に、スダレが横向きに敷いてあるように置かねばなりません。

これは、そばを食べるときに箸を使いますが、箸先の動きは前後に動きますので、スダレが縦ですと、そばがスダレの目にはさまることがあるからです。

最近では、そばを持ち上げてみるとスダレが縦に置かれていたりする、新入りの名店もあり、また、お客様も蒸籠《せいろう》から水がぽたぽた垂れているようなものを喜ばれるようですが、そばを皿に盛らないのも、スダレをかえるのも、そばを早く水と分離し、「そばがノビない」ようにするためなのです。

蒸していた頃には、蒸しすぎるとノビた状態になります。「ノビ」るというのは一体、「長く」なることでしょうか。

●スダレの向き

蒸籠のスダレは、客に対して横向きになるように敷かなければならない。スダレが縦だと、客の箸がスダレの目にはさまることがあるからだ。

二、なぜ「そば」はノビるのか

「打ちたてはありがたいな。そばの延びたのと、人間の間が抜けたのは由来頼もしくないもんだよ」

これは、夏目漱石の『我輩は猫である』の一節です。「延」という字が使われており、「伸」ではありません。伸びるというと、「伸長」で元気が良く、延びるほうは「延長」、ダラダラします。

ですから、「そばがノビる」のは、「長くなること」ではなく、リングでノックアウトされて、大の字なりにノビることです。

風呂屋で喧嘩してひっくり返り、「太の字なりにのびちまった」という落語のくすぐりがあります。「兄貴のは長いから木の字なりだろう」というのが続きますから、なんのことかおわかりでしょう。銭湯へ行くと、いろいろなお道具が拝見できます。

最近では、落語も公共放送ですし、寄席でも酸いも甘いも噛み分けた野郎客ばかりではないので、こういう有意義な話もしづらいでしょうから、そば屋寄席で知識をお授けください。「疝気《せんき》（胃や下腹の痛み）の虫」も解説が必要です。受け止めてくれる袋がなければ地面に落ちます。要するに、腰が抜けるので、脳震盪を起こしたそばになるのです。「腰が立たなく」なります。「腰がなくなる」わけではありません。

これは、「そばがつながる」ことに関係あります。

「そばがなぜ、つながっているか」をご研究になった方がいらっしゃいます。

柴田書店という出版社が毎年出している雑誌のうちの『月刊食堂別冊・そば・うどん』の第一七号に、本業は数学者の高瀬礼文先生が、そばをカットして顕微鏡で覗き、解明されている文献が載《の》せられております。

それによりますと、そばもうどんも、粉の中には、八五パーセントから九〇パーセントの澱粉と、残りは、蛋白質が含まれているのですが、つなぎに関係するのは蛋白質のほうで、澱粉は煮上がってから「糊化《こか》」するから、生のうちは役立たずだそうです。

そして、小麦粉の蛋白質は、水に会うと膨らんで、蛋白質同士がくっつき、網の目のようになり、そんなモッコの中に澱粉を包み込んでいるから丈夫なのであり、そばの蛋白質は、全量の三分の二は、水に会うと膨れるだけで、他の粒子とはくっつかず、残りの三分の一の蛋白質だけが水に溶け、煮えないうちから糊になり、それが他の粒子を「雷おこしの飴」の部分のように手をつなげて、バラバラにならないようにしているのだということです。

ですから、水気が多いと、ちょうど郵便切手の裏の糊に水をつけ過ぎるとくっつかなくなってしまうように、連絡が途切れ、切れてしまいます。

これは、最初の生のときだけではなく、茹で上げてからも、蛋白質は糊にはなりませんから、いつまでも水に浸っていると、やはり流れ去ります。しかし、今度は澱粉の糊がありますから、よく糊化《こか》されておればブツブツに切れることはありませんが、中の大切な部分が脱落するのですから、フカフカになり、間が抜けて「腰」がなくなります。

蛋白質の多いそば粉ほど激しいわけです。そば粉の色が白くなりますと、蛋白質は少なくなり、延びませんが、そのかわり最初はつながらなくなります。

そば粉に小麦粉をつなぎに入れますと、うどんほどではありませんが、網ができてつながります。小麦粉が多くなれば多くなるほど、つなぎやすいのは当然です。

「もりそば」でしたら大丈夫でも、もしも「かけそば」のように、汁《つゆ》の中に浸っていると、生そばは長くもちません。すぐに延びてしまいます。

「もりそば」でも、そばに水分が多ければ、やっぱり水溶性蛋白質は流れますし、その隙間に水分が進入し、さらに奥のほうまで溶かし出します。

これが茹で上がったそばを、早く「水切り」しなければならない理由です。

ですから、茹で上がったそばを、「横櫃《よこびつ》」と呼ばれる「小判桶」に張った冷水で表面を締め、それを手早く「溜め笊《ざる》」という大きな浅い笊《ざる》の周りに、パラパラと、そば同士がなるべく離れるように、くっついてそばの線の間に水が滞留しないように、「そばの間を蝿が通り抜けられるように」少量ずつ取り分けて並べ、笊《ざる》の真中を広くあけておいて、水が笊《ざる》の目の坂道を真中の谷間に早く流れ去るようにします。

「ひと水切れた」ところで、それを蒸籠《せいろう》に「ひとっちょぼ」ずつ、四つ盛り、それを箸で蒸籠《せいろう》の表面に平均にのして平らにします。

これがふつうの「盛り方」で、お客様は、「もりの四隅の一隅」から箸をおつけになれば、「一口分」のそばが持ち上がり、それを「そば猪口《ちょこ》」に移せば、さっと手繰りこめる按配になっております。

こうした盛り方になっているときに、真中から箸をおつけになると、いっぺんに全部が持ち上がってしまうでしょう。

「もり」を見て、真中が高く盛り上がっているような盛り方がされていたときには、四隅のほかに真中にもうひとっちょぼ盛ったサービスの良い「もり」ですから、その場合でしたら真中から箸をつけて差し支えありません。

と、能書をいってみても、そば屋がそのように盛っていなければ駄目でしょう。ぞんざいな仕事をする店では、そばをわしづかみにして、蒸籠《せいろう》に乗せ、真中をちょっと引っ張り上げておくので、うまく一口分がつまみ上げられません。そばが蒸籠《せいろう》から離陸しないままに猪口《ちょこ》にそばを入れることを「二見が浦」といいます。これは、伊勢の二見が浦の「夫婦岩」が〆縄でつながれているので、それに見立てたものですが、ときによると、猪口《ちょこ》から口まで、さらにもう一連の〆縄が張られることもあります。

「ひとっちょぼ」というのは、本来はそば屋の用語ではなく、江戸の河口で捕れる「白魚」の数え方です。「ちょぼ」というのは、「サイコロの目」の数で、一から六まで足すと「二一」になりますから、「白魚二一匹」のはずですが、いつのまにか値上げして二〇匹をひとっちょぼにしました。そばもそのくらいの量です。

――白魚を半ちょぼ出して嫁おがみ　　柳多留　　一三・二三

現在もそうかもしれませんが、「ままも炊いたり水仕事」（長唄の一節です）をしない若いご婦人の指を「白魚」のようだといいました。両手を出せば、指が一〇本、「白魚半ちょぼ」になるわけです。

この白魚をかけそばに海苔《のり》を四分の一敷いたところへひとっちょぼ乗せ、かけそばの汁《つゆ》（これを「種汁」といいます）をかけたものが季節ものの「白魚そば」です。売ります時期は「月もおぼろに白魚の明かりもかすむ春の宵ー。ほんに今夜は節分かー」と「三

●そばのつまみ方

真ん中が高く盛り上がっていれば真ん中から、そうでない場合は「もり」の四隅の一角から箸をつければ一口分のそばが持ち上がる。

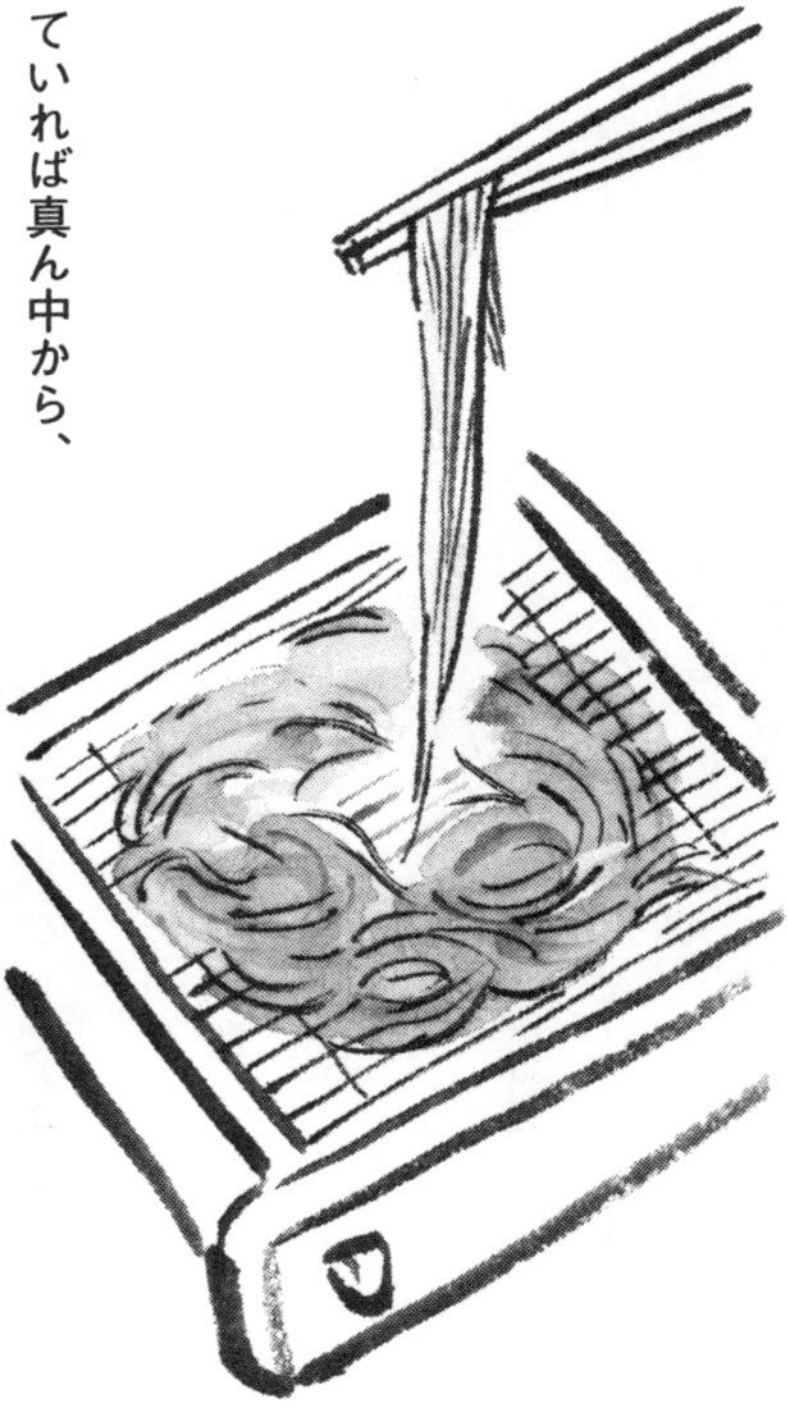

人吉三」が廓《くるわ》の初買いをする頃です。

「水もしたたる良い男」が出てきますが、そばの蒸籠《せいろう》から水がしたたるのは、太の字なりにぶったおれるのが目に見えていますから、イキではありません。

写真撮影技師が、そばの写真をとるとき、カットを最高にするカメラアングルを決めるまで時間がかかり、そばにツヤがなくなると、「水をかけて」と注文されますが、写真家としての仕事としては良いのでしょうが、そばを商っている身としては「身が切られるほどつらい」一瞬で、そうまでしてツヤを出すのは、まったくそばに対して不敬であると憤慨するのですが、「そばはツヤがあるもの」とご理解いただけるだけは幸せです。

しかし、水もしたたるツヤではいけません、肌が光っているツヤでなければ困ります。

しかし、昨今では、本当に「ツヤ」のあるそばはほとんど見かけず、まがいものの、水をかけたそばのツヤでごまかしている場合が多いのですが、茹で上がって、一と水切れてもあるツヤがほんもので、ツヤがなくなってしまい、ごまかすために水をかけたそばを、そば屋は「水っかぶり」と呼び、もっとも忌むべき仕事と決めつけております。

水っかぶりは、あとから蛋白質を洗い流す援軍が来るのですから、そばはもう人事不省になって、再起不能になります。

三、なぜ「そば」は「チョコ」で食べるか

そばを蒸籠《せいろう》からとって、汁《つゆ》に入れて食べる汁《つゆ》入れを「チョコ」と呼びます。「猪口」という漢字が当てられ、本当は「チョク」と読むそうですが、「オ」を付けると「オチョクる」になります。イノシシ（猪）の口に似ているから「イノシシ口」と名づけられたのでしょうが、形は違っても酒を飲む「盃」も「オチョコ」と呼ばれます。

江戸だけの器ではなく、薩摩でも越後でも酒の容器に使われ、そばの汁《つゆ》入れに江戸で使われ始めたのは江戸中期のことだったと『蕎麦の事典』（新島繁編著・柴田書店刊）に書かれています。ですから、最初は、酒を飲む容器も大きかったのでしょう。それが、木杯からカワラケ、チョコとさまざまな容器が酒器となっているうちに小さなオチョコで飲まれるようになったのではないでしょうか。容量は、だいたい「八勺」、約一五〇ミリリットルありますから、オチョコの二〇ミリリットルの七、八倍です。「グイ飲み」は約四〇ミリリットルです。

この入れ物の特徴はうまく入れ子に重ねておけることで、二〇くらい重ねてわら縄で結《ゆ》わかれて配達されました。安値で、使い勝手もよく、アンチョクなのが良いのでしょう。

焼き物で、結構いろいろな柄のものがあるところから、そば猪口《ちょこ》の収集などをされている方もおられますし、店のかざりに、江戸時代からの猪口《ちょこ》や丼を陳列しているところもあります。ほとんどが単色で、中は白無地、外も色がついているのは珍しいほうです。

四、なぜ「そば屋」の箸は「元禄」か

そば屋へ行くと、割り箸が出てきますが、ほとんどの店では、上がやや太く、下へ向かって細く削られた「元禄」という種類の白っぽい箸を使っています。

さすがに近頃は、角が削ってない箸ではなく「面取り」という、それよりやや高級な割り箸になっていますが、材料に杉などが使われた箸はまず出てきません。

これは、昔からのしきたりで、箸にも格があり、「そば風情」には松材の元禄で十分と

いう認識があったからです。

現在は松ではなく、輸入ものの木が使われています。いずれも軟弱な木で、すぐに折れ、成長は早いものの、用材には使えない木が多いようです。

一寸高級な料理店に行きますと、同じ元禄でも杉になり、長さももっと長くなります。その分だけ値段が高いのです。近頃ではそれも乱れ、竹の箸が出てきますが、竹箸は調理用の「俎箸《まなばし》」で、「菜箸」とも呼びます。

もう少しもったいぶった店では、その杉箸の上部がもっと太くなり、そこをスパッと削《そ》ぎ落とした「天削《てんそ》げ」という箸が出てきます。ですから、昔は、店に入り、出てきた箸を見れば、どのくらいのお勘定を取られるか腹づもりができました。

一番品の良い箸は、上下とも細く仕上げてある「利休」です。これは長ければ長いほど高級で、真中をつかみ、味の違ったものが出たら天地をひっくり返して両方が使えるようになっていました。茶席で使い出したものだそうです。お正月の雑煮用の祝い箸は、松で利休になっています。

そば屋も現在では品が良くなってイキになっていますし、お値段もよろしいので、利休にしても良さそうです。

その昔は、松でできた利休ではない丸箸で、使い捨てでなく、閉店後、塩で揉み洗いしてからそばの釜の湯で煮沸し、夜干しをしてからまた使いました。

五、なぜ「そば屋」の薬味の主体は「葱」なのか

そば屋へ行くと、必ずといって良いほど薬味には葱がつきます。それも、わけぎではなく根深で、なるべく薄く輪切りにし、水でさらしてはありません。

葱がふんわりしているのは、輪切りにしたあと、菜箸、二膳を両手に持って、軽く、しっかりと突っつきまわし、葱の輪が一枚一枚バラバラになるようにほぐしてあるからです。

輪切りのままの円盤の葱が出てくる店は手抜きです。

昭和初期以前は、葱は千住でとれ、深谷のものは惣菜葱として、値段も三倍は違いました。千住葱は「葉が五枚」残してあるのが御定法で、葉の付け根と白い部分との境がきゅっと細く締まっていなければいけないのです。

これは今の葱にもいえることで、ウエストが締まって、ツヤツヤしていなければやわらかくありません。

なぜ葱が使われたかといえば、葱は「瘴気《しょうき》（熱病やケイレンを起こす毒気）を防ぐ」からで、悪い病気や悪霊を口から吸い込まないような働きがあると信じられていました。

そばは、すすり込むので、よけい空気を吸いますから、予防に薬味としてつけられたのかもしれません。

●薬味の葱

輪切りのままの円盤の葱を出すのは手抜き。

葱の輪を一枚一枚バラバラにほぐし、ふんわりとした葱でなければいけない。

そのかわり、葱を食べると口がくさくなると、伊達者やお洒落は敬遠しました。

——下女が蕎麦ことおかしくも葱を去り　　拾　二・二八

こうした口臭は昔から嫌われたので、その予防策として『本朝食鑑』には、同じような働きがある韮《にら》ともども「能《よ》く葱・韮の臭気を除き、葱羹《あつもの》に二、三個入れると、臭気は薫しない。あるいは韮を食べた後、二、三椎茸を食べれば、口臭も消え、人の旁も韮の臭気を覚えない」からと、あとで椎茸を食べることをすすめております。

にんにくにも利《き》くかもしれないので、おためしください。

六、なぜ「大根おろし」はあまり付かないか

大根おろしを付ける店はあまりありませんが、これはすり下ろしておくとすぐに悪くなるので、敬遠したからでしょう。

しかし、この本の読者でしたら、「辛味大根」がそばに合うということを聞いておられるでしょう。

しかし、この大根おろしが薬味に良いのか、「大根の絞り汁」が良いのかということになると、現在では、「大根おろし派」が多数と思います。

しかし、これは「大根のしぼり汁」が正解なのです。『蕎麦全書』にも、「予按ずるに、大根のしぼり汁辛辣ならざるは悪敷者なり」で、その汁をそば汁に入れたり、そばを食べながらときどき少しずつ吸ったりしたように使われております。

ですから、昭和になってからも、そば屋では、大根おろしを薬味に付けるときには、汁を絞らずに皿に盛り、お客様が、猪口《ちょこ》の上でその大根おろしの上を箸でおさえ、絞り汁だけがタラタラと汁《つゆ》の中に垂れるようにみずみずしくつけました。『そば屋の旦那衆むかし語り』の藤村昇太郎の話をご参照ください。

ところが、最近の「辛味大根」は、まず汁が出ません。大根おろしをおろしごと汁《つゆ》に入れないと辛くなりません。すると、汁《つゆ》がごそごそし、たぐり込むのに具合が悪くなります。

今の辛味大根おろしでしたら、そばの上にチョコッと乗っけてメシャガるほうが良さそうです。ちょうど『蕎麦全書』で、大根の辛いのがないときには仕方がないから使うとしている「山葵《わさび》」と同じかもしれません。

七、なぜ「薬味」の二番手は「山葵」なのか

「常には用いず」と『蕎麦全書』に書かれた山葵《わさび》も、最近では常に用いられるようになっています。

昔はあまりにも高価で、しかも、砂に埋めて冷蔵庫に仕舞っておかないとすぐに悪くなるので、そば屋では使いきれませんでした。

しかし、「練りわさび」という、西洋大根のおろしたものに色をつけたものができ、粉末の山葵《わさび》ができ、と進歩した結果、そば屋でも山葵《わさび》まがいが使えるようになり、そのうち、やっぱり本物でなくてはというので、「本わさび」も使われるようになりました。

以前、「うちでは本わさびを使っております」ということで、山葵《わさび》のはね物の小指くらいの山葵《わさび》をそのまま出し、小さな瀬戸物の下ろし板をつけて出すのが流行りましたが、ある老舗でそれをやったところ、お客様から「お前んところではよっぽど人手が足

りないんだなァ、お客に仕事をさせるのか、俺がやってやろうか」といわれて止めたそうです。

このお客様は、山葵《わさび》の下ろしたては辛くないのをご存知の通人だったのでしょう。山葵《わさび》は、細かく、トロトロにおろし、少し置かないと辛くなりません。それは、辛い要素が殻をかぶっていて、その殻が破壊されてから酵素発酵が起こり辛くなるからだそうで、下ろした山葵《わさび》を平らに延ばし、包丁の腹でバシッと叩くのは、この殻をこわすためです。

また、「本わさび」の辛さは、熱に出あうとたんに飛んでしまいます。ですから、種物にはお付けしません。熱にあっても辛さが飛ばないのは、合成品です。

さて、この「わさび」の使い方ですが、最近では、山葵《わさび》を少し箸でとり、そばの上にチョコッと乗せ、それからつまみ上げて汁《つゆ》につけてそばを食べるのが流行っています。いかにも通っぽく見えるし、格好が良いので主流になっています。

しかし、そうとばかりは限りません。『我輩は猫である』で、迷亭さんは薬味を汁《つゆ》の中に入れてむちゃくちゃにかき回し、くしゃみ先生から「君そんなにわさびを入れると辛いぜ」と注意されますが、「そばはツユとわさびで食うもんだ」とすましています。これでもうどんは馬子が食うもんだなどと、いっぱしの江戸っ子を任じています。「魚鳥の毒を解し、そばの毒を消す」と『本朝食鑑』に書かれておりますように、好みはあるものの、はずしてはならないお薬味です。まして、最近では、「本わさび」の下ろしたものが、チューブ入りなどで販売されている時代ですから、そば屋でも高価だからと敬遠していられなくなっております。

八、なぜ「唐辛子」が付きものか

唐辛子は、薬味皿には盛られていないものの、必ずといって良いほど、振り出しの入れ物に入れられ、常時テーブルに置かれております。

これは「唐」から来た辛子ですが、ふつう、唐辛子というと「七味唐辛子」になっております。「七味」というわけは、これが赤唐辛子の粉末と、白胡麻、山椒、ゆかり（赤紫蘇《しそ》の粉末）、青海苔《のり》、麻の実、ケシの七種類でできているからです。「ゆかり」を入れるのは京都の風習で、薬研堀では、ほかの一種類の秘伝物を入れるのだそうです。

唐辛子は「ナス科」一年草の果実ですが、「和辛子」は「からし菜」の種子を乾燥させ、粉末にしたもので、そば屋ではそうめん、ひやむぎの薬味にすることもありますが、「初鰹」にはなくてはならない品物で、これを「垂れ味噌」と混ぜたもので食べることになっています。醤油が普及してからも「からし味噌」です。

この「和辛子」は膨れっ面で掻《か》くとよく利《き》くのだそうで、高い買い物をした亭主が、そばで膨れっ面をしているかみさんに「その面でからしを掻けと初鰹」といっております。

唐辛子のほうは落語の「疝気《せんき》の虫」で大活躍する薬味ですから、そば屋では用意しておかないといけないのです。

「他人の疝気を気に病む」という言葉がありますが、疝気という病気は胃痙攣や脱腸のことだったようです。睾丸が脹れるところから、落語の疝気の虫が、仇の唐辛子が来ると〝別荘〟に逃げ込むのが原因ということになりました。「疝気稲荷」というこの病に霊験あらたかなお社に病気快癒の祈願に行った人は、そばを絶つか、全快の後にそばを供える習慣があったとのことです。詳しくは『蕎麦史考』をご参照ください。

――疝気をも風邪にしておく女形《おんながた》　柳多留　一・九

九、『蕎麦全書』の薬味

『蕎麦全書』には「家製に用る役味の品」として、
生らふく汁(むずかしい字が書かれますが、大根のことです)
生葱(白いところだけだそうです。輪切りにはせず、シラガに切ります)
乾松魚《ほしかつお》(薄く削った鰹節です)
橘皮(陳皮とも書く、みかんの皮を乾燥させたものです)
炙味噌《あぶりみそ》(胡桃《くるみ》を細かくして入れ味噌と炒《い》ったものだそうです)
蕃椒(胡椒でしょう)
の六種類を常に使っており、
山葵《わさび》
紫菜(海苔《のり》のことです)
は常には用いず、ということです。

一〇、なぜ「手打ちそば」は美味しいのか

現在では、とにかく、手打ちそばでなければ美味しくないということになっており、昔からのそば屋は肩身の狭い思いをしております。

しかし、ほとんどのそば屋は、内心では、一部の店を除き、現在の手打ちそば屋のそばは決して美味しいとは思っていません。

とはいえ、お客様の評価は、圧倒的に手打ちのほうが高く、従来の営業形態を止め、手打ちそば屋に転向したそば屋も数多くおります。

こうなった理由は、昭和三十年頃にぼつぼつ現われ始めた手打ちそば店のそばが、従来のそば屋のそばに比べて圧倒的といって良いほど美味しかったせいです。

早くいえば、その頃のふつうのそば屋が売っておりましたそばは、そばとはいえないものだったのです。

どこが悪かったといえば、戦後の食糧事情の悪いときに、うどんの委託加工をし、そ

れからだんだんそば粉が手に入るようになってからも、小麦粉が七割とか、五割といったそばを供給していました。

その理由は、その頃の大部分のそば屋の技術では、それ以上にそば粉の混入率を増やすと、そばが長くつながらなかったからです。

これは、戦後の新規参入のそば屋が、木鉢を使えなかったし、使ったとしても、その前の悪習から抜けきれなかったからです。

それはどういうことかといいますと、並木の藪《やぶ》と池之端藪《やぶ》のご先祖にあたる堀田勝三さんが、その著書『うどんのぬき湯』の中で、

「極端な話、嘘だろうと思われる話ですが、割粉の度合いは知りませんが、そばを所謂《いわゆる》バラガケにするそば屋さんがあるそうです。それでも結構そば切になるそうです。食べての上のご思案でしょうが、何れにしても木鉢の悪いそばは不味のようです。手作りでは木鉢が悪いとそばにならず、木鉢に骨を折るから従って美味だということでしょう。反対に、機械製はたいていそばになるから、従って不味になるという結論になるのでしょうか」

と書かれております。

「バラガケ」というのは、そば屋用語で、あっさりと水とそば粉の混合粉をミキサーという機械で混ぜ合わせ、そのサラサラに近い混合物をロールの力で板に固めて、長い帯にすることです。最初から板になるわけでなく、ボロボロのそばの布状のものを何回もロールを通して、連続した板にしてから「切り刃」という回転する刃で細く切ることで、これはうどんの機械での作り方なのです。うどんばかり作っていたので、そばの作り方を知らないそば屋がいたのです。

ここで違いが出ました。評判の良い老舗のそば屋は、その頃も今も機械で延ばし、切っておりますが、その前の手段は、それこそ、手打ちができる木鉢もみだったのです。

当時は、そば粉も大量生産方式でしたので、つなげるのによけい骨が折れました。お腹を空かせている国民に、行き渡らせるにはそれしかなかったのです。手で延ばし、手で切っていたのでは、需要を満たすことはできません。ロールで延ばし、機械で切れば、能率は格段と上がります。木鉢が良ければ、下手な手打ちより美味しく食べられるとは、やはり堀田さんの言葉です。

世の中が落ち着いてくると、そば屋でも、現在のそばに飽き足らなくなった人が出てきます。古いそば屋のやり方を見ていると、手で捏《こ》ねていました。そこで、木鉢の復活です。さらについでに、手で延ばし、手で切る「手打ち」もやってみました。それがお客様に評判が良く、大成功だったわけです。

ちょうどその頃は昭和二十年代の前半で、敗戦の混乱がやや収まりかけ、物がだんだんと出てきた時代です。長谷川青峰さんという食品文化研究者が、昔のそばの良さとその頃のそばのひどさを嘆かれ、そば屋を啓蒙するための会を作り、そこで「手打ちそば復興」のために、そば屋を集めて「手打ちそばの講習会」を開きました。

まだその頃には、昭和の初めまで手打ちでそばを商っていた人も大勢おりました。一方、習うほうのそば屋でも、まだ、木鉢でそばを捏《こ》ねることを知っている店も多く、大多数の戦争後の参入者と違って木鉢も保存しておりました。戦災の最中も、大切に持って逃げ回っていたのです。そば屋にとって、一番高価な大切な道具だったからです。それが、敗戦後政府の方針で「混合機」を備えるようになったときに、邪魔ッけだからと機械屋さんに捨ててもらい、機械屋さんもてあまして、焼け跡で皆燃やしてしまいました。もったいないことをしたものです。

この木鉢というのは、「栃の木」を縦割りにして丸くし、中を削りこんだ、直径六〇センチ以上の木のボールです。そば屋にとって、一番大切な道具です。

●本当の手打ちそば

「手打ちそば」とは、手で延ばし、手で切ればよいというものではない。木鉢で入念にもみ込み、きれいな玉にし、足で踏まないようにしなければ、本物の「手打ちそば」とはいえない。

この道具のことが、「木鉢の技術、やり方」という意味に拡大されて、堀田さんの「木鉢が悪い」という言葉になるのですが、これは悪い道具ということではありません。「良い木鉢」というのは、「骨を折った木鉢」です。

ところが、そば粉が良くなると、「骨を折らないでも」そばになるようになっています。そうなると、「たいていは、そばになるから」あまり美味しくないそばができます。ですから、「手打ちそばだから美味しい」のではなく、本当は「良い木鉢のそば」でないと美味しくはないのです。

ところが、最近では、自分の腕が悪いからそばがつながらないのに、戦後の新規参入のそば屋のように、木鉢に骨を折らないで、「もっと細かい粉を」求め、そば粉が古くなるとつながらないので、そば粉を「自家製粉」しています。

まあ、自家製粉は昭和初期までは、どこのそば屋でもやっていたことですから、結構なことですが、篩《ふるい》の目は、精度が良くなったので、細かい粉が篩《ふる》い出せます。

ですから、木鉢に骨を折らなくとも、「たいてい、そばになる」のです。

二、なぜ機械のない江戸時代から「手打ちそば」があったか

本当は、「手打ち」という言葉は、まだ機械がなかった江戸時代からありました。

——手打ちそば下女前だれをかりられる　　柳多留　五・二九
「二八と手打ということに就いてだいたい大量少量の製造量の差の様です。手打は小仕事だという意味らしい。手打時代からの言い習わしであるから、麺機ができてからの言葉ではない。そばを足で踏むような大量を作らずという事らしく、手打の店は、木鉢も中釜も小型であった」

とは、これも『うどんのぬき湯』の中の文章です。この本の題名の『うどんのぬき湯』というのは、うどんを煮たあとの湯のことで、塩ッ気が強く、湯たんぽに入れるくらいしか能がなく、捨ててしまう役立たずというご謙遜です。

これを見てみますと、現在の手打ちのうち、はたして、どれだけが「手打ち」と威張っていえるでしょうか。

「足で踏んではいけない」のです。

足で踏むというと、お客様は何かきたならしいと思われるでしょう。たしかに、捏《こ》ね上げた「生地《きじ》」を足で踏みます。しかし、そのまま踏むのではなく、さらしでくるみ、その上を「踏み茣蓙《ござ》」という茣蓙《ござ》で巻いて、その上から押しつぶすように踏んでいきます。全部を平均に踏み、途中で折り返して中に三つ折にして、細長くしたものを、また、さらし布と茣蓙《ござ》でくるみ、粘りが出るまで踏みます。

手打ちは、これを足でやらず、木鉢の中だけで、「くくり」、「出ッ尻」という作業で完成させます。ですから、大量には一度に作れないのです。だいたい、三キロが限度でしょうか。また、手打ちというと、「自分で直接手を下す」という意味もあります。お殿様が家来を手打ちにするのは、他人に切らせず、自分が直接打ち首にすることです。

しかし、江戸時代では、手打ちというと、どちらかといえば「手打ちそば」の意味が強かったようで、

——手打ちだと常世しなのはものはあり　　柳多留　一一・三一

とあるように、これは有名な謡曲「鉢の木」で、最明寺入道時頼が、身をやつして訪れたときに、佐野源左衛門常世が、松、梅、桜の盆栽を焚き火に使うかわりに、手打ち

そばを振舞えば、三つの庄だなどというけちな褒美ではなく、信濃一国はもらえただろう、という意味です。執権様を手打ちにしたのではありません。

ですから、厳密にいえば、「手打ちそば」は、手で延ばし、手で切ればよいのではありません。その前に、木鉢で入念にもみ込み、きれいな玉にし、足で踏まないようにしなければ「手打ちそば」とはいえないのです。

うどんは、捏《こ》ねてから寝かす必要があるので、一度に大量に捏《こ》ねます。ひとりでに踏むことになります。

――うどん踏み本縄という立ち姿　　柳多留　二・三六

この「本縄」というのは、江戸時代にお役人に逮捕された容疑者が両手を後ろに回され「高手籠手《こて》に縛られ」て、うつむいてトボトボ歩く姿を指しますが、踵《かかと》で、少しずつ踏み上がっていく姿は、後ろ手に組み、うつむいているところとそっくりだということです。

踏んでしまっては、本当は「手打ちうどん」ではないのです。「手打ちラーメン」も、本来は、「ラー」というのは「引っ張って細くする」ことですから、「手で切って」いないはずです。ところが、「手打ち」というと高級感があるのか、「手打ちギョーザ」まであります。こうした風潮は、昭和五十年頃からのことでしょうか。

だいたい、大量生産品を全部人間の手で作り、全国のスーパーなどで安く売ることは不可能です。昔、稲庭うどんを拝見した折に、それこそ、たしかに、捏《こ》ねるところ、細い縄状にして「採桶」に並べ、手で「綾掛け」にし、それを手で延ばしているところを見、しかも、足で踏むところはないのを見て、すっかり感心いたしした経験があります。ですから、あまり品物がなく、必然的に高価なのです。

では、こうしたものが、「表示法違反」だといって「公正取引委員会」に訴えても、まずとおらないでしょう。しかし、こうした乾麺類を製造、販売する会社のグループは、ほかとの競争から「手打ち」という言葉の意味だけは決めています。

業界規約では、「手で延ばし、手で切ったものを手打ちという、捏《こ》ね工程は機械で良い」ということになっており、「木鉢の悪いそばは不味のようです」から、木鉢で捏《こ》ねない手打ちは偽物なのに、良いことにしています。そして、この「手で延ばさずに」機械で延ばしてから、手で切ったものは「手打ち風」と袋に表示します。この手で切るのも、包丁ではなく「秣切《まぐさき》り」と称せられる、紙を切る機械のような形で、刃を持ち上げると少し下がずれる機械を手で動かせば、手で切ったことになります。

こうした表示や、店先で、手で延ばし、手で切っているから「手打ちそばだから美味しい」と思ってしまうのは、美味しいそばの味を知らないからです。

本当は、店で目の前に出てきたそばを見てみるだけで、その製造工程を見なくても、そばの美味しさはわかります。

だいたい、昔は、お客様は、そんな作るところは見ませんし、口で食べて、美味しいものは美味しいとご自分で判断していたのです。ところが、最近は、お客様が、「お料理は目でも味わいます」というのに騙されて、口で味わうことをせず、見て、表示を信じるし、耳で聞いて評判店のものは美味しいと思うものですから、料理屋でよけいな説明役が出てきていう能書や、買い物でも表示でごまかされるのです。

手打ちそば屋の屋号は「天橋立」であるべきです。これは、江戸の謎々でいうと、「手打ちそばと掛けて天橋立と解く。心は。『大江山行くの（生野）の道は遠ければまだ踏み（文）も見ず天橋立』」（百人一首、小式部内侍）

最近「純手打ち」、「本手打ち」という看板を見かけます。「ニセ手打ち」が横行しているのでしょう。「日本そばの本手打ち」とはややこしい話です。

伝統食品というものは、その民族が何世代にもわたって食べ続けてきたものですから、その民族の細胞に、その味は刷りこまれているものです。ですから、昔は日本人はチーズは食べられませんし、ニョクナムなども受けつけず、そのかわり、外国人も沢庵《たくあん》は食べられないのです。

そばの「本当の美味しさ」は、ご自分の口が一番ご存知のはずです。ほかの方が「王様は立派な衣装を着ておられる」といっても、ご自分の目で判断した姿、ご自分の舌で味わった美味しさを信じなければいけません。

二、そばの美味しい不味いは、どこで判断できるか

老舗《しにせ》のそば屋の主人は、「もりそば」が目の前に出てきたところで、食べないうちに、一瞬でそこの店のそばが、美味しいか不味いか判断できます。

それは「そばの姿」を見るのです。

まず、第一に、そのそばは、若い健康な人の素肌のように、張り切って、ツヤがなくてはいけません。ツヤがなかったり、なんとなくブヨブヨしていたり、ザラついていて

は、まず失格です。

こうなる原因は、「木鉢に骨を折っていない」からです。「水回し」がいい加減で、「ツヤが出てから寄せる」ものであるのに、それをしていないのです。その原因は、水が多すぎて、一生懸命水回しをすると、ツヤが出る前に早く団子になってしまうからです。

その次には、そのそばに「角」があるかないかです。これも、木鉢でしっかり揉み込まれ、全部が均一になっていて、やわらかいところ、固いところのばらつきがなく、それを切れる包丁でスカッと切ったかどうかにかかっており、やはり原因は木鉢の技術にあります。中身の硬度が不ぞろいですと、茹でたときに、弱いところが煮崩れします。水分が多いと、芯が茹で上がる前に、角が溶けて流れます。

見るところの最後は、「厚さ、太さがそろっているかどうか」です。巴町の萩原さんのセリフですと、

「昔の職人気質のせいか、どうも今はやりの手打ちそばといって売っている、太いの細いのの混じったそばなんぞ、そば屋として失格だと思うな。お客様から『銭』もらうプロなら、機械と同じように太さ細さ同じように切れるようになるまで修業することだ、太いの細いのの混じったそばを茹でれば、片方は煮え過ぎ、片方は生煮え、そんな不味

いそばを売るなんて商売人のすることじゃねえーよ。職人として、経営者として、まして プロとして、プライドを持って欲しいね。山家のカーチャンが御馳走してくれるそば なら愛嬌があるが、プロとして稼業している者の恥だよ」と『そば屋の旦那衆むかし語り』の中でいっております。

そして、最後に、食べてみて、その店の「釜前」の腕を見ます。そばを作るところまでは、「板前」の仕事です。

そばを食べ始める前に、そば汁《つゆ》を一寸なめてみます。そば汁《つゆ》の出来具合と、そのそばと合っているか、どこまで漬けるべきかを判断します。ここで、その店の修業の具合がわかります。店の主人の腕がわかるともいえます。

それから、そばを食べます。これからは、「盛り出し」というそばを盛る係りの腕と、そばを茹でる「釜前」職人の腕がわかります。

そばが、真中が高くなるように盛ってあれば、山のてっぺんからつまみ上げます。もしも、平均に平らに盛ってあれば、蒸籠《せいろう》の右下の四角い部分から箸をつけます。

箸でそばをつまみ上げて、一度でそばが蒸籠《せいろう》から離陸すれば、上等です。そばが適当な長さにそろえて取り分けられているのです。これは、「釜前」のそばの洗いと、取り分け方が丁寧な証拠です。

もっとも、箸でつまみ上げてみたら、天まで蒸籠《せいろう》からそばが離れてしまうのは、そばが短か過ぎるのです。

そばを「たぐり込む」食べ方をする江戸風ですと、短か過ぎてはあとが続きません。ある程度長くないと、たぐり込めません。どの程度の長さかというと、「四五センチ」くらいまでです。この長さでは、蒸籠《せいろう》から離陸しないかもしれません。そのときには、そばを一度蒸籠《せいろう》におろして、その束の中央あたりをつまみなおして持ち上げれば、まずは

●そばの品定め
そばの姿から美味しい不味いを判断するには、ツヤがあるか、角、厚さ、太さが均一であるかを見る。

大丈夫です。それでも離陸しなければ、もう一度つまみなおします。三回やっても駄目なものは、そば屋の手抜きです。

だいたい、そばの長さは、葛飾北斎の漫画のように、盥《たらい》から引っ張り上げても出てこないほどには長くできません。機械製麺でしたら、できないこともないでしょうが、とても食べられたものではありません。蒸籠《せいろう》一枚が一本のそばになってしまいます。北斎の漫画は、もしかしたら、そうめんの出来たてで切り分けていないものかもしれません。手打ちそばではとうていできません。

そばを「たぐり込む」食べ方ですと、そばは口の中でつながっています。それを胃袋までつながったまま食べるのではなく、上の前歯と下唇で軽く押さえてふっつりと切りがてら奥へ送りこみ、さらに喉の奥で、舌の奥の部分を、奥の上顎へぶっつけて切りながら飲み込みます。このようにすれば、そばは連続的に飲み込めるのです。

そのとき、そばに芯棒があって切れないと、窒息しかねません。ですから、そばは生煮えでは出さず、十分に茹でなければならないのです。釜前は、「煮え前は恥、そばの煮過ぎは恥じゃない」といっています。芯まで十分に茹でたものを、そばを洗うときに冷たい水で表面を締めておくと、上の前歯と下唇がそばの表面に傷をつけながら、奥へ送

●そばの食べ方

上の前歯と下唇で軽く押さえて切りがてら、奥に送り込み、さらに喉の奥で舌の奥の部分を奥の上顎へぶつけて切りながら飲み込む。歯を使わないですむから、そばに楊枝はいらない。

り込むだけで、ふっつりと切れるのです。

そば屋が楊枝を出さないのは、前歯の上下も使いませんし、奥歯で噛み切ったり、磨り切ったりする必要がないのですから「いらない」と威張っているのです。

これには、ある程度細くなければいけません。それに、太さ、細さが全部同じでないと、平均した茹で上げも得られません。

江戸のそばの太さはどのくらいであったか、ご存知でしょうか。

三、江戸のそばの太さはどのくらいか

「手打ちそばは機械打ちのそばより太い」と信じておられる方が多いかと思いますが、実際は、江戸の手打ちそばは、現在の機械切りのそばと同じなのです。

足利の一茶庵の片倉康雄さんは、柴田書店刊の『そばの本』（二冊ありますが、古いほうです）に次のように書かれております。

「そばの太さは、『切りべら二三本』を御定法といって、江戸時代から並そばの基本とし

ている。これは、そば一本の断面をとると、小口が長方形になり、狭いほうが切る幅である。二三分の一寸（三・〇三センチの二三分の一）の幅に切る事である。延ばしの厚みはこれより多い。

御定法を切りべら二三本に定めたのは、江戸時代の職人の逃げ手で、真四角にするより延ばしが楽だからである」

これは、一本の太さが、細いほうが「一・三ミリ」ということで、太いほうでも、一・五ミリ以下でしょう。

そして、切るほうが延ばすほうより、幅のばらつきが少なくでき、同じ片倉さんが「延しムラは永久に出る」といっているように、同じ厚さにするのは不可能に近く、均一な熱伝導ができなくなりますから、「包丁三日　」「延ばし三月」と延ばしの技術のほうが高度なのです。それを不ぞろいに切ったのでは、茹で上げは完全に不ぞろいになります。

そして、ふつうの機械切りのそばの太さは、一番太い「並そば」で、三センチを一八本に切ってありますから、一本の太さが一・七ミリ以下で、太さは、これは人間の手ではなくロールで延ばしますのでムラがなく、真四角なそばができます。

一番細いそばは、「更科《さらしな》そば」で、「二十四番の切り刃」で落とします。これは、三センチを二十四に切ったものですから、一本の太さが一・二五ミリです。

その次に細いそばは藪《やぶ》の「二十二番」で、一本が一・三六ミリ。砂場は「二十番」で一・五ミリのはずです。

出てきたそばの太さを判断するのでしたら、ひそかに「一円玉」を出して、比べてみてください。アルミの一円玉の厚さは実は「二ミリ」なのです。一〇円玉ですと、二・五ミリ以上です。ですから、更科《さらしな》そばの太さは、一〇円玉の半分です。

これは、「生」の太さですから、茹で上げて、水分が一・五倍になりますと、少し太くなりますが、一割くらい太くなるだけです。うんと太くなるのは、小麦粉が多いせいです。十分に煮ても冷水で表面を締めますと、表面の水分は三分の二に減ります。それだけ細く、締まってくるのです。しっかり洗って、角が落ちるようでは、板前の腕が悪いか、釜前の火加減が悪く、「蒸しそば」か「空煮えそば」を作っているからです。

そばは、粉の目方が「六」としますと、これに約四〇パーセントの水を加えて捏《こ》ね上げると、途中で水分が蒸発するので重量は「七」になり、これを茹で上げると「一三」になりますから、粉の二倍一寸に重量は増えます。うどんは、三倍になります。

ですから、割りの小麦粉が多くなりますと、もっと膨れます。ちなみに、うどんの太さは、細いもので、生で二・五ミリ。太いもので三・七五ミリ。これは茹でると二倍くらい太くなります。

そばを切るところを見ると、親指や人差し指に包丁を当てて切る「手小間」と、板のようなものを使うやり方があるのにお気づきでしょう。

うどんをはじめ、大多数のところは手小間で切ります。たたんでも厚さがあり、丸いからです。ほとんど、「引き切り」になります。キャベツの千切りと同じです。福島県の「裁ちそば」は、たたみもしないで、長いまま細く引き切りにします。ところが、江戸のやり方ですと、薄くきっちりたたんで、「小間板」という定規を使用します。

友蕎子《ゆうきょうし》さんの『蕎麦全書』を見ますと、使用する道具の中に、「麺板一枚」「切麺板一枚」とあり、この麺板は延ばし台であり、「切り麺板」は「小間板」ではないかとも思われます。「麺棒」は最近では長いもの二本、短くて太いもの一本の合計三本使いますが、友蕎子《ゆうきょうし》さんは一本で、うどんと同じです。

この「小間板」は、桐の、厚さ五ミリ以下の三〇センチ角の薄板の一方に、黒檀《こくたん》（カキノキ科の常緑喬木）などの硬い木でこしらえた高さ「二センチ四ミリ」以下の厚さ五、六ミリほどの板を幅一杯に糊《のり》づけした道具で、この、板の二・四センチの土手に包丁を直角に当て、下に押し切りにしてそばを切っていくのです。

この、立っている板に黒檀《こくたん》などを使うのは、包丁の刃が当たりますから、木がやわらかいと、削られてそばに混じってしまうからです。

また、この「土手」の高さが「八分（二・四センチ）」以下なのは、これ以上駒が高いと、一・五ミリの厚さに延ばしたそばの「布」をふつうは八重にたたみますから、切るときのそばの厚さは打ち粉も入るので一・五センチ以上になり、そこに二・四センチの板を当てると、四センチ以上で、そば切り包丁を握ったときの指が、小間板の駒の頂上にやっと当たらないくらいの余裕ができ、包丁がそばの布を完全に通り抜け、まな板の表面まで届くのです。

これが、駒の高さが三センチになりますと、指の太いそば職人が包丁の柄を握ると、指の下に余裕がなく、土手にさえぎられ、包丁の刃がまな板まで届かず、全部に刃が当たらずスダレそばになってしまいます。

そして、包丁を下まで落としてそばを切り、その包丁を少し傾けると、包丁の腹が駒の上角に当たり、駒は少し左にずれます。

このズレ幅を一・五ミリに決めれば、一・五ミリだけ下のそばが顔を出しますから、

●小間板

そこで包丁を持ち上げ土手にくっつけ、また、真下に落とし、包丁をひねって位置をずらし、また包丁を落とし、と、リズミカルに動かしていくと、同じ太さに切れるというわけで、包丁のひねり加減を一定にすると、ひとりでにそばの太さも一定になるという、便利な道具です。

そのとき、包丁の刃先が、黒檀《こくたん》の土手に当たり、カツカツという音がするのを、「駒鳴り」がするといって、イキな仕事とします。

もっと細く切るときには、ひねり幅を小さくすれば良いのですが、それより、この駒の高さを低くすれば、包丁で駒を押したときに、同じ手癖でも駒の高さが低いので移動が少なく、ひとりでに細くなるという、単純ながら、大変合理的な道具なのです。

これでそばの太さは決まります。そばの長さのほうは、昔から「うどん一尺、そば八寸（うどん三〇センチ、そば二四センチ）」といわれておりますが、これは、手打ちそばはふつう九〇センチの幅に延ばし、それを四つにたたんで切りますから、一辺が二二センチほどになり、その長さは保てますから、「そば八寸」になるのですが、四つにたたんで手前のほうは折れませんから、そばの長さは「四五センチ」にはなり、たぐり込める長さにできるのです。全部、九〇センチの長さには、まずなりません。

そば切り包丁も、ですから、これだけの幅がいっぺんに切れるように、短いものでも八寸になっています。

もっと短いものはうどん用の包丁です。中華包丁も一見そば包丁に似ていますが、刃が直線でなく、前と後ろに反りがあり、わん曲しています。

厚さが二ミリ以上のそばになりますと、もうたぐり込めません、「鶴々亀々」のそばになります。風情があって良いのですが、江戸っ子はそういうそばを「泥鰌《どろます》そば」といいます。色も、黒い星もあり、少しうねりますから、よけい似ているわけです。

一四、なぜ 現在の手打ちには「麺棒」を三本使うか

江戸前の手打ちでは、麺棒は三本使います。友蕎子《ゆうきょうし》さんは一本でした。現在でも、うどんでは一本が多いでしょう。それも、太さが四・五センチ、長さが一・五メートルもあるのを使ったりします。

また、桐生や名古屋では、太さが一センチ以下で、長さも六、七〇センチの細い樫の棒を使います。

これらは皆、目的に合った道具なのです。

まず、現在の江戸風の麺棒がなぜ三本なのかというと、それはそばが細く、しかも一度に何キロも打つからです。

すると、必然的に延ばされたそばの布は長くなります。しかも幅は、包丁に合わせて九〇センチなのです。長いほうから切ると、麺棒の傷があるのでそばがバラバラになります。

すると、全部一度に広げると場所を取りますので、上と下を別の麺棒で巻き取り、作業しやすい長さに止め、真中を延ばすために、さらにもう一本いるのです。

太い一本の麺棒のところは、太いうどんを作るところです。厚いので、量が多くとも、場所は取りませんし、そばほど、一方通行で延ばさなくとも、キズがつきにくいので、四方八方に延ばせ、幅も取れるからです。幾重にもたたみ、包丁の幅に制限されません。

もう一つの細い棒、一本を使うところでは、うどんの生地を、一キロ以下の「ハマ」と呼ぶ塊に小分けして寝かせ、それを一つずつ延ばして切り、その棒に切ったうどんを引っかけて保存するように使います。

一五、なぜ「そば」は細く長くなったか

そばはなぜ、こんなに苦労して、細く、長くするのでしょうか。

そばのうまさは「そばがき」が一番わかるなどというのですから、何も、細く長くする必要はなく、そばがきで食べていればいいはずです。

ですが、そばの消費量は、圧倒的に細く長いそばで、そば屋でも、「そばがき」のご注文は、一日に一つあれば良いほうです。

そうしてみると、「そばがき」より、そばのほうが美味しいのでしょう。「そばがき」は、早くいえば、ニチャニチャしています。もぐもぐ噛むことになりますから、江戸っ子には向かないのでしょう。

うどんの真似をして細く長くなったというのは、江戸初期の寛永年間（一六二四〜一六四四年）に、朝鮮から渡ってきた「元珍」という僧侶が、奈良の東大寺で、高価で生産量が少ない小麦粉に、庶民の食べ物であるそば粉を混ぜ、うどんのような形にしたのが初めであるという説がありますが、新島繁さんは、『蕎麦の事典』の中でこの説には「典拠がない」と書かれております。

それでは、「そば切り」の文献で、一番古いものはというと、いろいろ文献はあるものの、やはり『蕎麦史考』に書かれている、「結論としては、慶長年間（一五九六〜一六一五年）とすべきであろう」につきるでしょう。

うどんも細くはありませんが、長い食べ物です。うどんは、当然、小麦粉で作られ、小麦粉はヨーロッパ、エジプト、中国などで食べられていますが、その中で、長く加工するのは、中国の切り麺とラーメン、イタリアのスパゲッティくらいなもので、インドのナンをはじめ、ほとんどは焼かれてパンの形か、蒸された饅頭、あるいはギョーザで食べられます。

日本でも、うどんか饅頭です。これらの食品を見ますと、食べ方として、使われる道具は、まず、手で食べるか、箸でつまむか、スプーンですくい上げられるかで、イタリアのスパゲッティがフォークに巻かれて食べられるのが独特です。

スパゲッティは、巻いたまま口に放り込みます。うどんも、箸に巻いて団子のようにして食べたほうが、西洋礼法の「音をたててはいけない」に合うでしょう。日本では、永平寺などでは、食事時に音をたててはいけないのですが、そばうどんのときだけは良いそうです。これは、「すすり込まないと」食べられないからです。

ヨーロッパでは、十三世紀になっても、フォークは使われなかったようで、貴族でも、食事のときには右手にナイフを持ち、左手で押さえて切り、それを左手の指でつまんで口に放り込んでいたようです。インド人などから見ると、左手で食べるなどとは、まことに不潔と思うでしょう。

その頃、スパゲッテイはどのように食べられていたのでしょう。

だいたい、動物は、食べ物を見つけたら、ほかの仇に横取りされないように、美味しいところから大急ぎで食べてしまうものです。

ゆっくりと、一番美味しいものをあとに残しながら食べるのは、一人っ子だけです。男ばかりの五人兄弟などでは、取り分けてやっても、美味しいものから大急ぎで食べないと、強いお兄ちゃんが横から箸を出します。

そばやうどんは、箸を使う習慣の国でしたら、箸で端をつまみ上げて口にくわえ、すすり込んでしまうのが、一番早く、たくさん食べられます。

団子などでは、もぐもぐ噛んでいるうちに、ほかに取られかねませんし、団子のまま飲み込むと喉につかえて「お茶！」ということになります。だいたい、箸ではつまめません。

この箸を使う習慣のために、日本の食事はご飯もやわらかくかたまりになるような「姫飯」になり、ナイフを使わないので、お刺身が切り分けられ、スプーンがないので、お吸い物はお椀に入れられるようになったのでしょう。

なにしろ、箸は日本人に神話の時代から使われているのです。箸で自殺した神様の話、川上から箸が流れてきた話、「箸塚」という遺跡もあります。

この、粉を細く長くする方法には、手打ちそばのように「布状」に広げて細く切る方法のほかに、そうめんのように引っ張って長くする方法、ネパールの麺や朝鮮冷麺、はるさめ、ビーフン、スパゲッティのように押し出す方法の三種類があります。

このうち、布状に広げて切る方法というのは、世界的に見て少数派で、中国の雲南地方くらいで、中国では、引っ張るラーメンか、削り麺のほうが多数派です。

なぜ、日本に「押し出し麺」が入ってこなかったか不思議です。ふつうは、朝鮮半島か、中国南方から文化が入ってきて、アンナンや台湾、韓国でも押し出して細く長くする方法がとられているのに、日本で押し出し麺が売られたのは、スパゲッティを除き昭和三十年代以降なのです。

この理由として考えられるのは、日本の小麦粉が大変粘りが強いために、スパゲッテイの機械で押し出そうとしたら、ノズルからにょろにょろと出てこず、破裂してしまったせいでしょう。

そばなら出てくるのに、その前にうどんで失敗し、布状に延ばして切る「切り麺」の習慣ができてしまっていたせいと考えられます。

二六、なぜ「うどん」は「そば」より太いのか

うどんといえば、必ずといって良いほどそばより太くなります。そばより細いうどんは、うどんとはいわず、「そうめん」か「ひやむぎ」と呼ばれます。

考えて見れば、つなげにくいそばのほうが細く、つながりやすいうどんのほうが太いというのは、加工上大変矛盾しています。

そばの発生が「雑穀のそばを、高級品のうどんに類似した食品にした」のですから、姿も同じでなくてはいけないのに、細くなりました。そうめんの真似をしたといっても、そばは引っ張っては長くなりません。

その理由は、これは私の独断と偏見になりますが、うどんが、「茹で出し」ではなかったからと考えます。

最近では、なんでも「たて」ばやりで、スパゲッティの茹で出し、天ぷらの揚げ出し、うどんの茹で出し、そばの茹でたてが上等ということになり、そのせいか、昔は二〇分

以上茹でるのに時間がかかったスパゲッティに七分間で茹で上がるものができたし、待たされるマカロニはサラダにしかならなくなり、茹で出しうどんは細く、平べったくなりました。太いうどんを茹でたてでメシャガろう（召し上がろう）としたら、小一時間は待たなくてはならず、鰻屋が鰻を捕まえにいったのと同じくらい辛抱しなければなりません。

だいたい、生でもうどんの茹で上がりに必要な時間は、「太さの二乗に比例する」ことになっています。つまり、細いそうめんの太さ一ミリのものと、そばの太さの一番太打ちの二ミリの厚さに切ったうどんとでは、一ミリのものが三分で茹る上がるとしたら、二ミリのもの一二分（二ミリの二乗＝二×二＝四、三分×四＝一二分）、ふつうのうどんの「十番切り刃」で切った三ミリのうどんは二七分、これがうどんの中でも太いほうの五ミリの厚さのものでしたら、七五分かかる計算になります。とても待ってはいられません。

うどんはこしらえるにも「寝かし」といった時間がかかり、たいていは一晩寝かせますから、即席ということはできません。そして、冷凍庫のない時代ですと、うどんを捏《こ》ねて放置しておくと、黄色くなり、ベタベタしてしまいます。いくら塩を入れても、この発酵は止められません。最近は、冷凍という奥の手を使うので、「焼きたてパン」が誰にでもできるのです。釜もオートマチックですから、あまり技術はいりません。

冷凍庫がない時代には、茹でてしまわなくてはなりません。茹でれば酵素は死にますから、あとは腐る前に食べてしまえばよいのです。

そのために、うどんは、茹でてから冷水で洗われ、ぬめりを取り、よく冷やして表面水分を減らしてから「玉」に取り分けます。

その「うどん玉」を、スダレが敷いてある「うどん船」という、うどん玉が二五から三〇くらい入る容器に並べて保管します。

途中で「簾返し《すがえ》」と呼ばれる、うどんの面の天地をひっくり返す作業をします。これは、うどん玉の表面だけ乾き、下面が湿ったままだと、品質が劣化するので、平均に、早く水気を飛ばすためです。

そのまま置いておくと、うどんの澱粉は「ベーター化」してしまい、ボソボソして粘りがなく、美味しくなくなるのです。

ですから、そうなったうどんは「再茹で」してから食べます。熱湯に漬けて、浮き上がるまで加熱し続けるのです。

そうすると、澱粉は食べて美味しい「アルファー澱粉」に戻ります。澱粉は、生ですと粒子が大きく、人間の消化器で吸収できません。ただし例外はあり、そばの澱粉と山芋の澱粉は、粒子が細かいので生で食べても栄養になります。

ですから、「とろろ芋」は平気ですし、そばも、水で溶いただけで体力がつきますので、雲水（諸国を行脚修行すること）の携帯食料になるのです。

顕微鏡で見ますと、そば粉の粒子は小麦粉の粒子の四分の一以下で、混ぜ物をされたそば粉を調べるのに有力な方法です。

澱粉は、茹でるほかにも、焼いても消化できるようになります。はったい粉、お煎餅、焼芋と、みな加熱されます。

澱粉が、アルファー化すると、消化できるようになります。ミセルと呼ばれる結晶が緩み、粘りも出ます。アルファー化を「糊化《こか》」ともいいます。ところが、この糊化《こか》された澱粉は、水分が一〇パーセント以下か、水に浸けた状態ですと老化（ベーター化）しないのですが、水分が三〇〜六〇パーセントで、温度が二〜三度Cですと、老化が早く起こり、美味しくなくなります。しかし、消化できないわけではありません。

うどんは、茹で上げると水分は六〇パーセント以上ですが、常温でも、置いておくと、

二、三〇分たつと老化が始まります。お餅も搗《つ》きたてはよく延びますが、すぐに硬く、食いちぎりにくくなります。

お餅は焼くとまたよく延びるようになります。うどんも、熱湯の中に入れて、浮き上がるまで加熱すると、また、モチモチとした食感にもどります。

搗《つ》きたてのお餅で商売しているところが少ないように、うどんも茹で出しをするには、太くては時間がかかり過ぎます。そこで、玉にとっておいたものを「再茹で」して、それに合った食べ方をするようになったのです。

以前は、大阪では、うどん屋は大多数「玉買い」をしました。今のラーメン屋が玉で仕入れるようなものです。ただし、ラーメンは細いので、すぐに茹《ゆだ》りますから、蒸しラーメン以外は生で仕入れます。

うどんの場合は、ほかにそうめん、ひやむぎがあったので、太いものだけがうどんとして売られ、その結果、昔のうどん屋は「チャブチャブ屋」と呼ばれるような、茹で上がって、玉になっているうどんを、チャブチャブ温めて商売にしていたのでしょう。

自家製麺するようになったのは、ここ二〇年くらいのもので、それ以前から自分の店でうどんから製麺し、茹でていた店はほんのわずかでした。東京では、「立ち食いそば」

以外は、皆自家製麺で、自分で、そば、うどん、ところによってはラーメンまで作っています。ですから、昔の業種分類では「麺類製造販売業」で、「飲食店」ではないのです。これは、香川県のうどん屋の大部分が、製麺所でうどんを食べさせているのと同じです。

名古屋の「きしめん」は幅は広くとも薄いので、これは自家製麺の茹で出しです。薄いために、早く茹で上がりますし、再茹でが利《き》かないのです。そうめん、ひやむぎも再茹でですると、ベタベタになってしまいます。

再茹でしてもしっかりとし、逆に「焼いたお餅」のように、茹でたてとは違った美味しさが生まれるために、うどんは、ますます太くなっていったようです。

自家製麺しないかわりに、ラーメン屋さんもそうですが、「おだし」に力を入れます。そこで差別化をするのです。おだしを味わってもらうために、うどんはおだしと「イッショ」にすすり込まれます。関東のように、持ち上げて食べることはありません。

落語家のそばとうどんを食べる動作を見ますと、そばのときには、背筋を伸ばし、左手は胸のあたりに構え、箸がわりの扇子《せんす》を口のあたりまで持ち上げますが、うどんの場合は、左手にどんぶりがあるつもりで、口の前にもっていき、右手の扇子《せんす》を忙しく動かしてかっこむ動作で、ひとりでに、背中は丸く、こごみます。

「冷凍うどん」は当然「解凍」します。その折に「自然解凍」せずに、かたまったまま熱湯の中に放り込んで、浮き上がるまで待つほうが、自然解凍したものよりブヨブヨしません。この「冷凍うどん」は、早くいえば間違った理論から生まれたものです。

　昔（今からはもう昔です）、うどんメーカーの技術者が、「茹でたてのうどん」と「ふやけたうどん」の美味しさの違いを思索し「茹でたてのうどんは、表面の水分が七五パーセントで、中心部は三〇パーセント以下であるのに、茹で上げられ放置されたうどんは、表面も中心部も同じ水分である。この『水分傾斜』が『歯ごたえ』になり、美味しいのである。であるから、うどんを茹で上げて、すぐに冷凍すれば、この水分傾斜はいつまでも保たれ、美味しさが保持できる」という理論を立て、それ以来この説が「歯ごたえのある、腰のあるうどん」の基礎理論になったのですが、実は、その頃の機械製麺のうどんは、加水率が三〇パーセント以下、しかもロールで何回も締めるから、水分は中にはしみこまず、茹で上げても中心部でも三〇パーセント以下であったのです。

　これが、手で捏《こ》ね、手で延ばしますと、加水率は五〇パーセント以上ですから、茹で上げたときでも、表面、中心とその差はほとんどなく、すぐに水分勾配はなくなってしまいます。

うどんの美味しさは、その原料である小麦粉によります。「塩加減」の秘伝は、その土地の気候、気温により変化させるので、各地で異なります。寝かす時間の差でも、違います。つまり、冷蔵庫がわりで、酵素の働きを、塩で抑えるのです。

それも、その土地の小麦粉によって、勘考されます。パンに使う強力粉という小麦粉を、讃岐うどんの塩加減で、讃岐の技術の粋を尽くして揉み上げると、そのうどんは、とてもすすり込めないほど腰のある、歯ごたえのある硬いうどんになります。

こうなった理由は、昭和四十年にはまだ一三〇万トン産出された日本の小麦が、昭和四十八年とわずか八年後に、六分の一の二〇万トンまで減産されたからです。

そして、なんと、その前年の昭和四十七年に、東京でも爆発的に讃岐うどんの店ができ、三〇〇軒も営業していたのです。これが、讃岐うどんが硬くなった原因でしょう。

小麦は、うどんだけではなく、醤油、味噌、饅頭、麩《ふ》にも使われるのです。

スパゲッティも小麦粉で作りますが、これはデューラムという種類の小麦粉で、強力粉とは性質が違います。そして、イタリア小麦はなかなか日本には輸入されず、製品としてだけ「アルデンテ」な（歯ごたえのいい）スパゲッティは販売されていました。

一七、「そば」と「うどん」の国境線はどこか

ふつう、何気なく「うどん・そば」といいます。ところが、うどんといえば小麦粉で作ったもので、そばといえば、そば粉で作ったものだと思っておられるでしょう。しかし、「焼きそば」「中華そば」「小麦粉の混じったそば」、小麦粉だけでこしらえられているのに「そうめん」「ひやむぎ」、また、そば粉も入っているのに「朝鮮冷麺」、小麦粉だけでこしらえられているのに沖縄の「うちなあすば（これは昔は「支那そば」と呼ばれた）」、そして、その親類の「ちゃんぽん」と、いろいろなそば、うどんがあり、全く判断に困りますが、共通点は、いずれも太さ、細さは別として、細長い、粉製品です。

結論から先に申しますと、これらの共通点は「麺」であることです。しかし、「生そば」は「麺」ではありません。そばや朝鮮冷麺は「麺まがい」です。その理由は、「麺」という言葉は本来「小麦粉」のことで、それが日本に入ってきてから「小麦粉製品」という意味になったのです。ですから、スパゲッティも正確には「パスタ」ではなく「麺」と呼

ばねばいけませんし、うどんをパスタと呼んでも差し支えないのです。ギョーザも、マカロニも、ピザも饅頭も麺と呼んで間違いはないことになります。

表示にやかましい公正取引委員会で認可している「そば」とは、「そば粉を三〇パーセント以上含んでいるもの」を指します。

これでいくと「焼きそば」は表示違反で、「焼き麺」でなければいけません。日本にも面白い人がおり、早速「そば粉を三〇パーセント以下しか含まない麺製品」という特許を取りました。これは一体なんという食べ物なのでしょう。こうした「そば関連特許一覧」は柴田書店の『そば・うどん』の第三〇号に載《の》っています。

ですから、「そば」と呼べるのは、少なくともそば粉を全重量の三〇パーセント以上含んでいるものだけになるはずですが、そうもいっていられないほど「そば」という言葉が普及してしまったために、「日本そば」などという、変な言葉もできました。しかし、『蕎麦史考』によれば（五五ページ）、中国にはそばを使った麺線状の食べ物はないそうです。

中華そば、焼きそば、ちゃんぽん、うちなあすば（沖縄そば）には、そば粉は入っていません。朝鮮冷麺には、そば粉が半分以上入っています。ただし、残りは、昔は馬鈴薯《ばれいしょ》澱粉のような澱粉で、小麦粉ではなかったようです。

中華そばとうちなあすばにも違いはあります。どう違うかといえば、両方とも小麦粉ですが、中華そばや焼きそばの麺は木偏に見という字に水と書いた「カンスイ」という天然ソーダの水を使うのに、うちなあすばは、長崎ちゃんぽんと同じで、草木灰《くさきばい》を水に溶かし、煮詰めた「唐灰汁《とうあく》」と呼ばれるものを使います。どちらも、強アルカリ性であることは同じで、このため、麺がツルツルし、小麦粉の中の色素と反応して黄色味を帯びているのが特徴です。

●そばと麺

そばとは、
「そば粉を全重量の三〇パーセント以上含んでいるもの」
のことであり、
中華そばも焼きそばも沖縄そばも「そば」とはいえず、
本来、麺とは「小麦粉」のことであるから、そばを「麺」とはいえない。

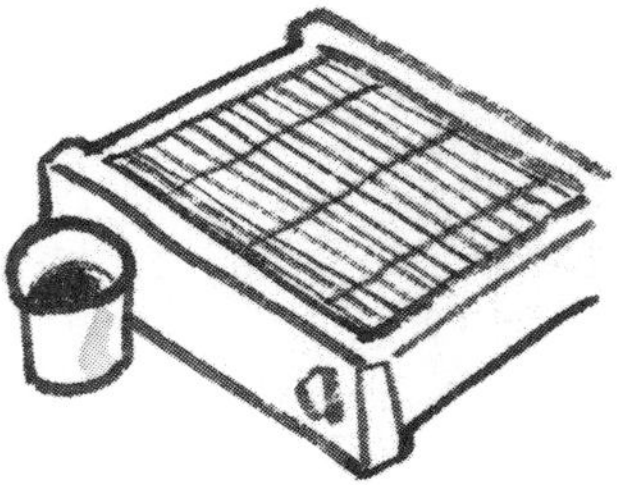

うどんもそうめんもひやむぎも、ふつうの水で捏《こ》ねます。ほとんどは水に塩を溶かし込みますが、甲府の「ほうとう」、北関東の「おきり込み」、名古屋の「味噌煮込みうどん」に使われるうどんには、塩を使わぬ場合もあります。

うどんとそうめん、ひやむぎの国境は、細いか太いかだけではなく、複雑に入り組んでいます。うどんは太く、そうめんは細いかといえば、「古式そうめん」などという太いものもあります。うどんは布状に延ばして切り、そうめんは手で引っ張って延ばす。といっても、手で引っ張って延ばす「稲庭うどん」があります。

ひやむぎとうどんの差は、太いか細いかだけのようです。

ひやむぎとそうめんの違いは、ひやむぎが延ばして細く切り分けるのに対し、そうめんは、引っ張って延ばし、折り返しては延ばしと、一本の線が折り返されながら延ばされて細くなったものですから、組成が違います。

どう違うかといえば、ひやむぎは組織が横につながっているのが、そうめんは、金太郎飴のように、同じ組織がそのまま長く延びていて、連続しているのです。そこで、食感が違ってきます。本来からいえば、引っ張って延ばす「ラーメン」と、切って細くする「中華麺」とは、食感が違うのですから、名前も変えなくてはいけないでしょう。

一八、なぜ「そうめん」を茹でるときに湯の表面に半紙を乗せるか

うどんやひやむぎではしませんが、ふつうは、そうめんを茹でているときに、沸騰して、湯の表面に泡がたったら、その上に半紙の厚手のものを一枚用意し、それで湯の表面をおおって、その泡を吸い取ります。

これは、そうめんは作るときに麺線同士がくっつかないように、胡麻油を手にすり込んで、表面をツルツルにします。ですから、細くなって、乾かしても、表面に油分が含まれています。それも、時間がたつと、酸化して、油くさくなるのです。冷えるとまた麺線の中にもどります。それを防ぐために、沸騰して油分が分離したところで、吸い取ってしまおうというわけです。

ところで、そうめんはふつう冬作られますが、夏を越える頃になると、油分は分解してしまいます。これを「そうめんの厄が抜けた」といいます。こうなれば、もう、紙で吸い取る必要はありません。ですから、「できたて」ほど、油のにおいがすることがある

のです。

そうめんの賞味期限は、三年は大丈夫ですが、カビが生えてはいけません。

一九、色が濃いほど「そば粉」がたくさん混ぜられているのか

そうめんやひやむぎは、そばと同じくらいの細さです。ラーメンですと黄色くなるのでまず見間違えません。ただし、そばの色物、「卵切り」は黄色です。

そばには真っ白いそばもあります。そうはいっても、「そば粉が多いほうが色が黒い」という確固とした「迷信」があります。

そのそばに黒い斑点があったりすると、ますます「本物だ」と喜びますが、これは実は洗練されたそばではありません。

この「黒い斑点」は、そばの実の殻が砕けたものです。これが入っているということは、白米の中に米の籾殻《もみがら》が搗《つ》き込まれて粉になり、混じっているようなもので、米を脱穀せず、いきなり搗《つ》いて精米し、篩《ふる》わないでそのままご飯に炊いたものと同じです。

こんな白米を美味しいと礼賛する人の舌が疑われます。これも現代人がものを口で食べなくなったからでしょう。

この「ソバ殻」は枕に入れられています。いくら長いこと使っていても、中身が粉になりません。大変丈夫な繊維です。

繊維を食べると健康に良いといっても、これは丈夫すぎて、胃袋や腸を傷つかせかねません。全く消化はしないのです。さらに、水にも溶けませんから、これがそば粉の中に入っていると、大きな障害物が混じることになり、そばは細く、長くできません。

小麦粉にこれだけ入れて麺にすると、一見、そばに見えます。昔、食料事情の悪かった時代に、小麦粉に、こんにゃくの原料である蒟蒻芋《こんにゃくいも》の皮の粉末を入れて増量剤にしたことがありました。これを「飛び粉」といい、やや紫色がかりはしたものの、そばだと間違えるほどでした。これも消化しない繊維で、「こんにゃくは肝の砂払い」といわれるように、栄養にはなりません。むしろ、こればかり食べていると衰弱します。

田舎では、そばを挽くとき、脱穀せずにそばの実をいきなり搗《つ》いたり、挽いたりして粉にします。それを篩《ふるい》にかけると、いくら硬いとはいえそば殻も粉になり、そば粉の中に混じり込みます。そしてそばの中に黒い斑点ができます。

なぜ、そばを脱穀しなかったかといえば、それは、そばの実は米や麦と違って中の種実が指で潰されるほどやわらかいので、殻を割ると中身まで割れてしまうからです。

このそば殻を取り去ったものを「抜き」と呼びます。「そば米」というものもあります。「そば米」のほうは「生」ではありません、茹でるか炒《い》ってあります。ロシアの「カーシャ」には、このそば米が入っており、きれいにそば殻は剥《む》かれています。これは、実は、そばを脱穀する前に、炒ってしまうので、中身は硬くなり、そば殻は爆《は》ぜていますので、これをゴムの板などにぶつけてから、箕《み》で分けると実だけになるのです。しかし、そばもアルファー化していますので、そば粉にはなりません。

ところが、江戸では、このそば殻を取り除く技術を開発しました。理屈は簡単で、石臼の隙間を、そば殻よりわずかに狭く設定し、そばの実のほうも、大中小の三種類に分けて軽く殻にヒビを入れ、割れたものを目の粗い篩《ふるい》に、馬の尻尾の毛をたるませて張ったもので、遠心力を利用して、実だけを分けたのです。

すると、「一握りの中に剥《む》けていない抜きが三粒」という、そば屋の品質基準に合格したそばの「玄米」ができるのです。米は玄米というと脱穀されていますが、そばの玄そばは、脱穀されていないものを指し、米の玄米に当たるものを「抜き」と呼びます。

●黒いそば

「そば粉が多いほうが色が黒い」というのは「迷信」。

黒い斑点のあるそばは、そばの実の殻が砕けたもので、米を脱穀せずいきなり搗いて精米し、篩いもせずに炊きあげたようなもので、「洗練されたそば」とはいい難い。

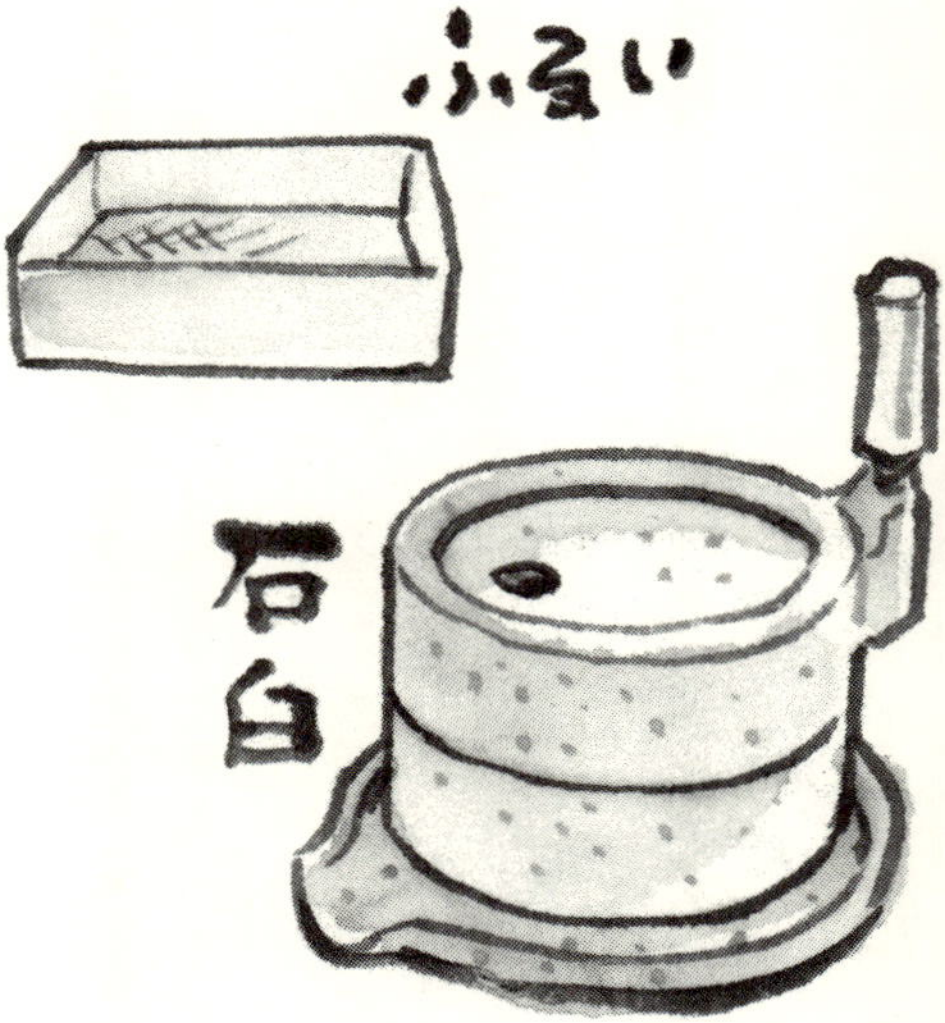

この「抜き」をいきなり製粉しても、殻ごと製粉したものよりはきれいなそば粉ができますが、これですと、そばの抜きの頭と尻尾の部分の、やや褐変している部分も粉になって混じりますので、そばが赤みがかります。

ですから、江戸では、そのきれいな抜きをさらに少し浮かせた臼にかけて、二つか三つに割り「割り抜き」にします。そこで一度粗い篩《ふるい》にかけて、きれいな割り抜きだけ取り出します。これを「上割れ」と呼び、これを使って、はじめて石臼で一度挽きでに粉にするのです。すると、石臼の目が立っていると、そばの「甘皮」と呼ばれる、表面についている薄い、淡緑色の部分も切り刻まれて粉になり混ざります。

これが新そばの頃には色が鮮やかですので、そばもほんのりと淡緑に見えるのです。しかし、その時期を過ぎると酸化し、淡い黄土色になります。これがそばの色です。

上割れをこしらえて篩《ふる》い、下の落ちた部分を細かい目の篩《ふるい》で篩《ふる》い出したものが「打ち粉」です。ですから、打ち粉には、茶色い斑点が入っていることもあります。

そばの色が変化するのは、機械製粉で、一番粉、二番粉、三番粉と分けて取り、それを適当に混合するせいです。

機械製粉では、最初は目なしロールで挽いて細かい目の篩《ふるい》で篩《ふる》って一番粉をとります。二番目からは、網目のついたロールで切り刻み、また篩《ふるい》にかけます。

最後に残った皮の部分は、もっとしっかりと切り刻まれて、粉になりますが、高速粉砕のために、瞬間的に高い圧力が粉にかかりますので、どうしても焼け、色が褐色になります。ですから、そういう部分が多いとそばは褐色に近くなります。

詳しくは、私の書いた『麺類杜氏職必携』（ハート出版刊）の「板前」の項をご覧ください。

真っ白いそば粉を取るのは、また、違った技法が必要です。単に細かい目の篩《ふるい》で篩《ふる》っただけでは駄目で、その前に、「上割れ」だけを、石臼の上下を粉に挽くときの「葉書一枚」よりもう少し浮かせ、そこに上割れをたくさん飲み込ませ、上割れ同士が身をこすり合わせて粉になるような挽き方をし、細かい篩《ふるい》で篩《ふる》い分けるのです。「抜き」全体の一五パーセントくらいが取れます。

「挽きぐるみ」というと、上割れ全部のうち、どうしても粉にならない「さなご」の部分を除いたものです。石臼の目の切れ具合で、取れる分量が違います。

この「さなご」は、昔は、顔や体を銭湯で洗うときに、袋に入れて持っていき、「洗い粉」にしました。米糠《こめぬか》や、そばの「さなご」には脂肪分とアクがありますので、きれいになるのでしょう。これは、シャボンができてからも使われておりました。

二〇、「さらしな」に「さらしなそば」を盗まれた「さらしな」

この真っ白いそば粉でこしらえたそばを「さらしなそば」といいます。

あまりにも白く、細いので、、昔、お土産用の「目籠詰《めかご》め」にしたとき、お客様から「間違えてそうめんを入れたのではないか」と、お問い合わせをいただいたことがあります。しかし、これは間違いなくそばで、生そばでもできます。

「さらしなそば」は更科《さらしな》で売っております。近頃では、権威を持たせるために「御前そば」などという名前を商標登録している店もあります。ところが、この「さらしな」というのは、屋号ではないし、独占的名称でもありません。

更科《さらしな》に対比される「藪蕎麦《やぶそば》」も、正式には屋号ではありません。「蔦屋《つたや》」の系統が現在の本家です。「砂場」は登録商標ですが、「大阪屋」が屋号です。この暖簾《のれん》に関しては、柴田書店の『月刊食堂別冊そば・うどん』の二八号に「砂場」、二九号に「藪蕎麦《やぶそば》」、三〇号に「更科《さらしな》」が解説されておりますから、ご参照ください。

こうした名称は新しい独自なものではなく、『蕎麦全書』の中にも見られます。馬喰町三丁目に「甲州さらしなそば」があり、「信濃そばのこころならん」と解説されております。ほかに「斧屋更級《さらしな》」もあります。「藪《やぶ》」の起こりと見られる「藪《やぶ》の中じじがそば」もあり、「大和屋、大阪砂場そば」などが載《の》っています。

「さらしなそば」を売っているところが「さらしな」のようですが、そうでもありません。さらしなを名乗っても「さらしなそば」を扱っていない店のほうが多いでしょう。だいたい、この現在の「さらしなそば」というそばは、さらしなという名乗りが『蕎麦全書』に見られた一七五一年より一五〇年後の明治三十四、五年頃に「完成」されたそばであると「株式会社麻布永坂更科《さらしな》」出版の『蕎麦そのほか』という小雑誌に森さんという書誌学者が文献をあげて述べられております。

私の祖父の昇太郎は明治十二年生まれで、十五歳くらいで麻布の更科《さらしな》に奉公し、後年、日本橋坂本町に店を出したのですから、ちょうどこの時期、麻布におりました。それが、「更科そばっていうのは、麻布の先代のばあさまが銀座の元数寄屋橋にあったそば屋が、臼屋が挽いて、篩《ふる》っていった粉を、もう一度細かい篩《ふるい》にかけて真っ白いそば粉を取り『白髪そば』といって売っているのを見て、中野の吉野家と研究して、更科《さらしな》粉を完成し、大量に売ったら当たったものだ」と申しておりました。

私も、中野の吉野家、現在の石森製粉所に参り、先々代の大旦那に聞きましたところ、「お前のところから教わったのだから、見せてやろう」と、抜き篩《ふるい》や、トントン篩《ふるい》、抜き臼の加減など実地に見せてくれました。もう祖父は亡くなっておりましたが、「お前のことはジイサマに『よろしく』と頼まれているからナ」ということでした。

それからまた三〇年もたってから、今度は、私が石森製粉の社長、つまり、私が話を聞いた方の息子さんから「セガレをよろしく」と頭を下げられました。

「白髪そば」ではいくらも粉が取れなかったことでしょう。昔は各店に臼場があり、そこへ「臼屋」と呼ばれる、そば粉を挽くのが専門の職人が一週間に一度くらい回ってきて、その店の好みのそば粉を挽いていったのです。

それを製粉所に大量に作らせたので、その頃の更科《さらしな》は、お客様から「更科《さらしな》はいいところを皆更科《さらしな》そばにし、残りで『並そば』を造るから、不味くって困る」といわれたとのことです。現在では、そうした裾物《すそもの》（下等なもの）は立ち食いそば店や乾麺屋が引き取ってくれるので、そば屋全体のそば粉が昔より色が淡くなりました。

この「麻布のばあさま」は「とも」さんといい、明治三十七年に亡くなっていますが、この方の努力で麻布の更科《さらしな》は日本一のそば屋になったのです。

麻布の更科《さらしな》が増殖を始めたのも、このともさんの時代です。分店、支店が五軒になり、本店のほか、娘さんの嫁ぎ先を「分店」と名乗らせて神田錦町と上野池之端に出させ、ともさんの弟に坂本町、奉公していた人は二本榎と深川佐賀町に店を出しました。

ふつう、「麻布永坂更科《さらしな》支店・布屋なにがし」と看板に書く店は麻布の店で修業し、独立した人で、当時の更科《さらしな》は有名店であったので、そば屋の師弟が修業に来たり、仕上がった職人が他所のそば屋に婿入りしたりしましたが、そうした店では、「更科《さらしな》支店」は名乗らず、以前の暖簾《のれん》で商売をしています。

「さらしなそばを盗まれたさらしな」も実はそうした店の一軒で、明治末期か大正の初めか、いつのことからかはっきりしませんが、麻布の本店で、あまり人使いが荒いので、奉公人がストライキを起こしたときには働いていたそうです。この店は「布屋」を名乗っていますから、もともと、どこかでつながっているのでしょう。

その人がどこで修業したかわかる方法に、「技術の伝承」があります。

私はそれを「技術の系譜」と呼んでいますが、人間というものは融通が利《き》かないもので、自分が習ったやり方はまず変えず、そのままのやり方を踏襲しますし、またそのやり方を習って分家したものも、本家のやり方を変えないものです。

この「さらしなそばを盗まれたさらしな」は、現在は芝の大門の前で営業しておりますが、ここの店の「さらしなそば」の捏《こ》ね方は、私が祖父から習ったやり方と同じなのです。

ところが、本家である麻布の「更科堀井《さらしな》」ではやり方が違い、これは、深川佐賀町から牛込神楽坂に移転し、戦後は築地で「さらしな乃里」という名前で営業しているところと同じなのです。一体、どこでこの「系譜」の違いが起こったのでしょうか。祖父は麻布で習ったのですから、本店と同じはずです。

その方法というのは、「湯捏《ご》ね」というやり方で、真っ白いそば粉は、挽きぐるみのそば粉のように、水で捏《こ》ねてもつながりませんので、熱湯で糊《のり》にしてそれでつなげます。

これは特に新しい革新技術ではなく、むしろ『蕎麦全書』の頃からの、正当なつなげ方です。ですから、現在でも、「室町の砂場」系統の店でもやっていると思います。ここの湯捏《ご》ねの方法は、「更科堀井《さらしな》」のやり方と同じです。

どう違うかといえば、「更科堀井《さらしな》」や「砂場」ではそばがきを木鉢の中央で作るのに、わたくしどもや「大門更科《さらしな》」では、木鉢を傾けて据え、全体の四分の一を全部硬めのそばがきにしてから、ほかと混ぜ合わせます。

祖父からは、「そばがきはできるだけ大きく、硬く」作るように指導されました。そうすると、しっかりした真っ白いさらしなそばができるのです。大門とうちとの技術の系譜の差は、大門が鶏卵の白身だけ入れるのに対し、うちでは黄身も入れるところです。

さらしなそばは「さらしなそば」と名乗らずに、数多くの店で売られております。「色物」「変わりそば」と称せられるそばは、ほとんど、この真っ白いそば粉で作られております。土台が白いほうが、色が鮮やかにあがります。

また、さらしなそばは「そばは、ごそごそして喉にとおらない」という、江戸っ子でも食べられます。

繊維質が少なく澱粉質が多いので（ただし、蛋白質もかなり入っています）ベタベタせず、完全に水を切っておきますと、三日くらいは変質しません。ですから、麻布の系統の店の看板には「目籠《めかご》詰め、折詰め」という文字が「信州更科《さらしな》蕎麦処」の上に書かれ、お土産が主体なことを示しております。この目籠《めかご》詰め、折詰めの、茹で上げてしっかり「水切り処理」されたそばなら、クール宅急便でも十分に対応できます。きっと、いながらにして、インターネットで毎日そばが食べられる時代が来るのではないでしょうか。

二、なぜ「そば」は「茹でたて」でなくてはならないか

最近では、そばは茹でたてでなくてはいけないことになっております。もしも、蒸籠《せいろう》から水がしたたり落ちないようなそばを出すと、お客様は「この不届き者メ」といわんばかりの顔をしてにらみつけます。

そばは水を切るのがあたりまえと思っていた更科《さらしな》は、最初はこれは茹で上げ専門の藪《やぶ》の謀略の結果かと邪推しましたが、『そば屋の旦那衆むかし語り』の中で、藪《やぶ》の堀田平七郎さんが「生蕎麦で打ってももっと太打ちならば、ひとりでにひと水切って出すそばになるから……」といわれているところを見れば、「茹で上げ至上主義者」ではないし、そばの水を切ることはご存知なのです。

考えてみますと、東京のそば屋のそばは、皆、茹でたてなのです。なぜなら、それぞれの店に大きな釜が設備されており、お客様のご注文があると、それで茹でて出してい

るのです。そのそばを、そのそばに合わせて「ひと水切った」り「完全に水を切った」り、その中間の自分の店のそばにあった状態でお出しするのです。

昭和三十年代には、私どもの店に来られるお客さまのうちの何人かは、「しっかり水が切ったそばはあるかィ」と聞かれ、「ない」というと「それでは湯通しにしてくれ」とご注文になりました。

それがいつのまにか蒸籠《せいろう》から水が垂れないといけなくなったのです。だいたい、蒸籠《せいろう》のまわりに水がついているのは、お客様にお出しする前に蒸籠《せいろう》を拭いていないのです。心がけの良いそば屋のすることではありません。「なぜそばはノビるのか」(三〇ページ)のところをご参照ください。

しかし、なぜ、そのような風潮になったのかをじっくり考えてみましたところ、これは藪《やぶ》の謀略ではないことに思いいたりました。

そば屋の世界は、東京の従来のそば屋のほかに、もう一つのそば屋があったのです。そして、そこには「そば釜」はなく、そばは別の場所で茹でられ、大阪のうどんのように「玉」に取られて配達され、それを「ちゃぶちゃぶ」するだけでそばを売っていたのです。これは、「スタンドそば」「立ち食いそば」で、戦後、急速に増えました。

この種のそば屋ができた理由は、「安売り」するのに人件費を節約すること、設備投資を抑えることのほかに、製麺機の能力がふつうのそば屋では一〇分の一以下しか稼働していないのですから、一箇所で一〇店舗は賄えるし、もっと本格的な製麺機でしたら、それこそ三〇軒以上の店に供給することが可能だったからです。合理化の結果です。そばは当然そば粉が少なく、硬い小麦粉が主体です。もしかすると「そばは色が黒いほうがそば粉がたくさん入っている」という宣伝は、この業界が流したものかもしれません。

ふつうのそば屋が使うそば粉の五分の一程度の価格のそば粉を使います。ですから、原価は六分の一以下でできます。一人前の職人もいりません。アルバイトで十分です。しかし、その業界もさらに競争が激しくなってきたので、中の一軒の暖簾《のれん》が「三たて」を宣伝文句に使い、「茹でたて」を前面に出して差別化をはかりました。

店舗内に、ふつうのそば屋のそば釜を据えたわけではありません。お銚子のお燗をするような、四角い湯沸し器に九つから一二の直径一二センチほどの穴を開け、そこにステンレスの籠を沈め、その中に「茹でていないそば玉」を入れ、浮き上がったら一つずつ引き上げて丼に移しますから「茹でたて」なのです。

スパゲッティの茹で出しにも利用されますが、これは、番号を振って、タイマーで順番に揚げれば、職人さんはいりません。

「そば玉」で配達されていた頃は、最初は箱に並べて、うどんと同じ状態でした。そのうち、現在、スーパーなどで見られるように一つずつビニールの袋に入れられ、ダンボール箱に詰められて運ばれれました。

そうなると、中のそばは水ごと密閉されるのですから、ふやけます。茹でたてにはかないません。「そばは茹でたてに限る」ことになります。

密閉されても食感が「腰がある」ようにするために、大変な工夫がされております。とても、「本来のそば」とはいえません。

しかし、「茹でたて」「打ちたて」「引きたて」の「三たて」が良いというのは、これは本当にそばに関することわざなのですが、そば屋のものではなく田舎で自家製のそばを打つとき、営業店のように、いちいち揚げをしないで、食べる分は、一度にみんな茹でてしまいますから、あとから食べる人のところでは、団子になったり、古い粉を使うとバラバラになったり、生で置いておくと打ってから短くなったりするからです。

ふつうのそば屋のそばでも、茹でたてでないそばもあります。たとえば、出前の「もりそば」などは、絶対に茹でたてで出してはいけないのです。なぜなら、お客様のお口に入るまでに時間がかかります。すると、まず延びます。さらには、蒸籠《せいろう》からスダレごと一団となって持ち上がるし、そばがベタベタします。これが水を切っておけば、パラリとほぐれます。ただし、かけ、種物ではいけません。

一度、私の家に来られたジャーナリストの方に、自家製の手打ちそばを御馳走したときに、完全に水が切れるまで待たせました。ジャーナリストの方は「そばが駄目になってしまう」と内心はらはらされておられたそうですが、メシャがっていただいたところ「カルチャー・ショック！」と感想をもらされ、「そばがこんなに甘いものだとは知らなかった」とのことでした。

そばの水の切り方は、そば店でやるのでしたら、まず、もりを一枚注文され、一緒にお酒をも注文し、一杯やりながら、蒸籠《せいろう》のそばの水を切るのです。

ただ待っているだけでなく、ときおり、箸で蒸籠《せいろう》のそばのひとっちょぼをつまみ上げて、またスダレの上にハラリと落とし、そばをバラバラにしておきます。そしていいかげん表面が乾いてきたら「もりをもう一枚」と頼みます。そば屋は変な顔をしますが、「いすましていいてください。ときには「おとりかえしましょうか」などといわれますが、「い

●「みずみずしさ」

茹でたてのそばは「みずみずしい」が、水の味がするだけ。

蒸篭のまわりに水がついているのは、たしかに「みずみずしい」が、

蒸篭を拭いていないからで、心がけの良いそば屋のすることではない。

そばは、目と耳でなく、口でメシャガること。

やイイんだ」と返事をしてください。

そして、もう一枚、水がしたたるようなそばが来たところで、両方を食べ比べます。水を切っているうちにちぢれてくるようなそばは、「パーマネントそば」といい「ズル玉」です。

ですから、みずみずしいそばを食べさせてしまおうとするのですが、だいたい、茹でたてはそばの表面が水におおわれています。味がするのは水の味だけです。ですから水が良くないと美味しくないのでしょう。

良い水でないと美味しくできないのも宣伝のほうが強そうです。良い水というので、アルカリイオン水などで豆を煮ると硬くなります。しかし、「この水でこしらえているから美味い」といわれる方も多いのです。本当は、煮物は「弱酸性水」で、ですから、煮物をするときに煮汁に梅干を入れたり、梅酢を加えるのです。

どうも、最近では、食べ物を口ではなく、目と耳でメシャがる方が多数派のような気がします。「目と耳はタダだが口は高いなり」という川柳は芭蕉の「目には青葉山ほととぎす初鰹」の句の「本句取り」ですが、そばでしたら、鰹の一匹一分（一両の四分の一）ほどではなく、鰻よりもはるかに安く、しかもお腹にたまりません。

そういえば落語に、鰻屋の前でにおいをかぎながら飯を食っている人に、鰻屋の主人が「代金をよこせ」といったところ、お金の音だけさせて「払ったヨ」という話もあります。

二三、なぜ「もりそば」に熱湯をかけた「湯通し」があるのか

蒸籠《せいろう》に盛ったそばに熱湯をかけ、そばを熱くする「湯通し」があります。

これはそばの「釜揚げ」ではなく、釜から上がり、完全に処理され、蒸籠《せいろう》に盛られてからあらためて熱湯をかけて熱くするのです。

熱いので「あつもり」とも呼ばれますが、「敦盛」の字は当てられません。無官太夫平敦盛卿は、先にすし屋に取られてしまっています。

それは、一の谷で熊谷直実が敦盛の首を取るに忍びなく、実子で病気の小太郎とすげ替えて逃がしますが、落ちた敦盛は熊野の山中に隠れ、若いので食べていかなくてはならないので、すし屋にアルバイトに入り、「弥助」と名乗ります。

そこからすし屋に「弥助」という屋号ができ、また樋口一葉さんの『たけくらべ』にも「弥助でもとろうか」というフレーズが出てくるようになるのです。

なぜ冷たい「もり」に熱湯をかけ、わざわざ熱くするかというと、これは冬、寒い季節にも「もり」を食べたいからばかりでなく、お好きな方は夏でも「あつもり」とご注文になります。

そばの香りが一段と高くなるからで、だいたいそばの香りは、冷たいままですと、鼻に押しつけてもそんなにわかりません。わずかでも熱を加えると立ち昇ります。もっとも、そのそばが割りが多く、その割りがメリケン粉であったりすると、そばの香りのかわりに小麦粉のにおいがします。

そばを自分で木鉢で採んでみないとわかりませんが、一生懸命水回しをしているうちに、そばが摩擦熱を受けて、プンと香りを発してきます。これで、そのそばの味がわかるともいえます。

ですから、熱湯をくぐらせると、良い香りが立ち昇ります。しかし、「かけ」などでは、汁の味が邪魔して香りはあまりわかりません。

ふつうは、水を切れば、口に含んだときに香りも出てきますが、水でくるまれているとなかなか感じません。こんなところがそばをひと水切って出す理由でしょう。

更科《さらしな》そばは、それでなくとも香りも淡いので、揚げたてではなんの味もしないので湯通しにするか、水を切ってから食べるのです。

ただし、細打ちの挽きぐるみの生そばは湯通しを受けつけません、バラバラになります。お土産の一度水を切ったそばも、湯をかけたとたんバラバラになります。

生そばでも、太打ちは、湯通しのほうが美味しいでしょう。

一度、「もり」を「土用、寒」でメシャがってみてください。「土用」とは熱いので「あつもり」のこと、「寒」はふつうの冷たいもりです。

「あつもり」の汁は、やはり温めて出てきます。

この「湯通し」のやり方は、ふつうの「もり」のように、きれいに蒸籠《せいろう》に盛ってから、その上にもう一枚蒸籠《せいろう》をかぶせ、その蒸籠《せいろう》のスダレ越しに熱湯を二、三杯かけ、蒸籠《せいろう》を傾けて隅から余分なお湯をしぼり出し、蓋《ふた》にした蒸籠《せいろう》を取り去ってから、上の乱れを直し、蒸籠《せいろう》の周りを布巾《ふきん》でぬぐってからお出しします。

二三、なぜ「乾いたそば」に「日本酒」をかけるのか

お酒をメシャガっている間に、目の前の「もりそば」にお酒をかける方がいらっしゃいます。そばが乾いてきたので、ほぐしやすくされるのでしょうが、一見、通に見えますが、実は行き過ぎです。せっかくのそばが、お酒くさくなってしまいます。

こうした動作が生まれた原因は、「乾いたそば」をほぐそうとしたときに、箸に粘りついてしまうから、それを防ぐために、手近な「水分」であるお酒で箸の先を湿らせ、くっつかないようにしたからです。

実際、そばが乾いてくると、箸にまとわりついて、きれいに取れません。ですから、そば屋でも、お土産の目籠《めかご》詰めや折詰めをこしらえるときには、乾いたそばを取る菜箸の先を水で湿し、またよく水を切ってからそばをつまみ上げます。

すると、そばが箸にまとわりつかずに笊《ざる》の中に入れられます。そばに水をつけているのではないのです、箸先を湿らせるためです。

お酒のにおいは強く、そばにぶっかけてしまったら、もうそのそばはお酒くさく、そばの味はしません。

そば屋で「もりそば」で一杯やっていらっしゃるのなら、酒で箸の先を湿らせなければならないほど乾く前に、そばに箸を入れ、そばの表面の水分が蒸発し、表面が乾いて

●そばの乾き

そばの乾きを防ぐには、あらかじめ、そばに箸を入れ、バラバラにほぐしておくこと。

そばが乾いてしまったら、箸先を湿らせ、大きめの椀に汁を移し、

そこにそばを入れ、よくかきまわしてメシャがること。

ほかのそばとくっつきにくい状態にバラバラにほぐしておけば、すでに蒸籠《せいろう》に、ぱらりとほぐして盛ってあるのですからメシャガリにくくなるほど団子にはならないはずです。

箸を入れれば入れるほど粘りつくのは、そばの作り方、茹で方が悪いのと、最初に蒸籠《せいろう》に盛るときの盛り方が悪いせいです。「蒸しそば」で洗いが悪い場合です。

ですから、出前の蒸籠《せいろう》などは、かたまって、箸で上をつまみ上げると、全部が、ときには蒸籠《せいろう》のスダレごと持ち上がったりします。これは、ひと水切らずに、茹でたてを乱暴に蒸籠《せいろう》に盛ったせいです。こうなったら、そばはそれこそ始末に悪くなります。つい、お酒でもぶっかけたくなるでしょう。

水を切ってから蒸籠《せいろう》に盛った「もりそば」は、出前されても、お箸の先をお茶で湿しながらほぐせば、ほぐれるはずです。

そうしたら、少し大きな茶碗に汁《つゆ》を移し、つまめただけのそばをその茶碗に入れてしまい、かきまわして、ほぐしてメシャガれば、お酒をかけるよりぐっとそばの味が残ります。なぜなら、そうした出前のそばに付いている汁《つゆ》は、藪《やぶ》の汁《つゆ》と違って、そのような食べ方に適しているようにこしらえてあるはずだからです。

二四、なぜ「そば」は江戸で好まれたか

そばはお江戸、大阪はうどんといいならわされております。

その理由は、まず第一に考えられることは、江戸近辺に小麦の生産が少なく、雑穀であったそばが手に入りやすかったせいでしょう。

小麦の生産は、収穫期に雨の多いところには向きません。それは、実った小麦の実は、そこで雨にあうと、発芽の準備をしてしまいます。すると、小麦の澱粉は「損傷澱粉」と呼ばれる、加工に適さない澱粉になってしまうのです。

ですから、灌漑を溜池に頼るような関西や、梅雨のない北海道に向く作物であり、日本以外でも、中国北部は小麦の産地であり、南部は米作地帯にわかれるのです。

米は、たとえ雨が多くても、灌漑が行き届いている土地にしかできません。関東には、大河はありますが、江戸を町にするときに「水道」を作らねばならなかったほど、水利はよくなかったようです。

現在でも「田無」という地名があるほどです。

江戸には、小麦もたくさん流入しました。江戸末期の安政年間の『重宝録』という書物によりますと、「一ヵ年およそ三十七萬俵ほど」となっており、「武州在・上州・野州・常陸《ひたち》・上総《かずさ》・下総《しもうさ》・相州より重に入津」と書かれておりますから、関東一円から来たことになります。しかし、これは一〇万石足らずですから、四〇〇万石の米とは比べものになりません。

そばも、近江の国、奥州からも入ったようですが、主として、「山物」といって上物の武州の山手、信州・甲州と、「河岸物」として品質が劣り値段も一割ほど安い下総《しもうさ》、上野《こうずけ》、相模《さがみ》、常陸《ひたち》のものを合わせて「一ヵ年およそ十六萬三千俵」入ってきております。

このそばのおよそ七五パーセントが粉になったとしますと、このそば、一俵の重量は米の三分の二の四〇キロと推定されますので（なぜなら、そばのような雑穀は、使い古された米俵に入れられ、目方もそばは米の三分の二だったからです）、そば粉にして、およそ五〇〇〇トンになります。

これでどのくらいの食数のそばができたかを推定すると、私の著書の『麺類杜氏職必携』にも記載しておきましたが、江戸末期の江戸のそば屋がお上に提出した書類の「値

段居リ状」によりますと、

そば粉　二升　価格　二五〇文（単価一二五文）

うどん粉　一升　価格　六七文

合計　三升　価格　三一七文

で、一斗の粉から「一二〇玉」を取り、販売していたようです。

そば粉、一升の目方は「約二キロ」ですから、一斗では二〇キロ、そば粉と小麦粉を混合した七五〇〇トンの「混合粉」は、三七万五〇〇〇斗ですから、そばにすると四五〇〇万食になります。

これから推定すると、幕末の頃のそば屋の軒数は『守貞漫稿』によりますと、「夜そば売り」を入れないで、三七六三軒あったそうですから、そば屋の売上は七億二〇〇〇万文として、一軒当たり年間約一八万文、月商一万五〇〇〇文、一日の売上は五〇〇文、年間二両足らずになり、食べていかれないくらいです。ほかにうどんも売り、そうめんも売り、お酒も売れば格好はつくでしょう。

しかし、このお上への答弁書には、今も昔も変わりなくウソがあります。それは、「粉一斗から一二〇玉」というところで、ふつう、商売人でしたら、そばは「粉六が生で七になり、その生を茹で上げると一三になる」ことはわかっているはずです。これは重量比です。粉一斗は約一〇キロありますから、一斗の粉は二三キロのそば玉になります。

ふつう、現在のもりそばは、一人前二〇〇グラムくらいです。それは、乾麺がふつう一束一〇〇グラムを一人前にしており、少ないものでも八〇グラムで、これは茹で上げると二倍強になります。それを目安にされれば、そばの量は判断できるでしょう。

「値段居リ状」ですと、一玉の目方は一八〇グラムです。

しかし、昔からの口伝では「お一人前、粉一合」で、この「お一人前」ということは「蒸籠《せいろう》二枚」のことです。そうであれば「粉一斗」は「蒸籠《せいろう》二〇〇枚」になるわけで、蒸籠《せいろう》一枚の目方は一一〇グラム、現在の手打ちそば並ですから、お上には六割しか申告していないことになります。

まあ、税務調査ではなかったようで値上げの申請ですから、下々のことに明るくないのはお偉方の通弊でこれで通ったのでしょう。そうすると、そばの消費量も、七五〇〇万食くらいになります。

当時の江戸市民の人口は一二〇万人と推定されていますが、半分が武家で、女子どももおり、男の町人のそば人口は四〇万人くらいのものでしたでしょう。そうすると、一

●江戸わずらいとそば

わずかのおかずで、白米をたくさん食べた江戸庶民は、ビタミンB不足になり、脚気を患う者が多かった。そばにはビタミンBが豊富に含まれており、草食動物が足りない栄養素を補うがごとく、ごく自然に江戸庶民は、そばに群がった。

人年間二〇〇食で、ほとんど毎日のようにそばを食べていた計算になります。

　こんなに江戸で、そばが食べられたのには、ふだん、白米ばかりの食事をしていたことと関係があります。「お天道様と米の飯はどこにでもついてくる」などと大きな口を利《き》いていたように、江戸庶民はわずかのおかずで、白米を大量に食べました。その結果、ビタミンＢ不足になり、脚気《かっけ》を患います。この病気を「江戸わずらい」といいました。江戸の地方病です。関西では、ふだんの常食には、白米ばかりを食べず、麦や豆類を混ぜましたので、この心配はありませんでした。

　そばには豊富なビタミンＢが含まれています。馬やヤギといった草食動物が、カリウム過多を防ぐために、人の手からも塩を好んでなめるように、「Ｂ足らん」の江戸庶民はそばのにおいに惹《ひ》かれ、これに群がったのです。肉食の熊さんのご褒美はお砂糖です。

　ビタミン剤で一番たくさん売れるのは、現在でもＢ剤だそうですが、今もそばが流行るのは、現代人も白米食のせいで、日本全国が江戸のようになったせいでしょう。

　そのほかにも、あまり働かない人はお腹がすきませんが、それでも、必要な栄養素は摂取しなければなりません。あまりたくさん食べないで、バランスの良い食事、それがそばだったのです。

二五、なぜ「お一人前」というと蒸籠が二枚出てくることがあるか

「もり、お一人前ですか」と端番《はなばん》さんに聞かれて、「もり一枚」のつもりで注文すると、蒸籠《せいろう》が二枚出てきます。押売りではないかと憤慨しますが、昔は、「一膳メシ」は仏様にあげるご飯、つまり「佛飯」で、縁起が悪いのです。

ご飯は必ず二膳食べることになっています。もしも、一膳でお腹が一杯になりそうなときには、お茶碗のご飯に軽く一口、二口、口をつけてから「お代わりを」と注文して、軽く足してもらえば、二膳食べたことになります。

日光の「強飯式《ごうはんしき》」も、二膳食べなくてはならないので、大変なのです。

「もり」を一枚だけ食べたいときには、「蒸籠《せいろう》を一枚」と注文しなければなりません。

しかし、最近では、まず、「もり」は一枚売りです。こんな心配はないでしょう。

以前は、「一枚が一〇〇グラム」でしたから、二枚食べなくては食べた気がしないのです。そう考えると、現在の手打ちそばの量が少ないと文句もいえません。

二六、なぜ「そば」を食べると力が出るか

江戸ではおやつですが、農家ではそばは御馳走です。「一そば、二こたつ、三そべり」という農家の言い伝えを、新島さんがご紹介してくださっていますが、農家の日頃のきつい労働生活の中での極楽が「そばを食べて、こたつにはいって、ねころがる」ことだったわけです。

ふつう、昔の農家では、米を食べることはなく、麦もまれで、日常は稗か粟を常食にしていました。ところがこれでは体力がつかないのです。

「稗のほうがたくさん採れるが、そばも食べないと力が出ない」といって、収穫量の少ないそばを必ず植えます。そして、それを食べるのが御馳走だったのです。

その理由は栄養なのです。空腹をしのぐだけでは生きていかれないのです。中国の王子様で、その国を滅ぼした「秦の粟は食べない」と山に入り、わらびの澱粉ばかり食べていて餓死した伯夷《はくい》、叔斉《しゅくせい》という兄弟がいました。

『本朝食鑑』という本にも、「わらびの粉を小児が長らく食べると、歩けなくなる」と書かれています。

これは、つまり「欠陥食品」で、別におかずを食べなくては衰弱してしまうのです。それは、その食品に含まれている蛋白質が良質か、そうでないかのせいで、その価値を「蛋白価」という数字で表わします。

動物の体は、早くいえば蛋白質でできています。そしてそれを、食物から摂取します。その食物にも蛋白質が含まれており、それを利用するわけです。

ところが、不自由なことに、この蛋白質は、食べただけ、すぐに人間の体になるわけではありません。

一度、蛋白質を形成するアミノ酸に分解して吸収し、そのアミノ酸を材料として、自分の体に合った蛋白質を合成するといった手順が必要なのだそうです。

この蛋白質のうち、人間向きのアミノ酸を作る材料を「必須アミノ酸」と呼びます。アミノ酸は全部で二〇種類あるそうですが、代替が利《き》かないものが八種類あり、それぞれを、一定比率使用して人間の体の蛋白質ができ上がるのですが、食べ物には、その種類によって、必須アミノ酸を人間向きにだけ含んでいることはないので、食べ物の蛋白質のアミノ酸のうち、あまったアミノ酸は利用できず、その場ですぐに燃やされて体温になってしまうのだそうです。

たとえば、『食品分析表』などを見ますと、「制限アミノ酸」という項目があり、この種類のアミノ酸が少ないばっかりに、ほかのたくさん含まれているアミノ酸が無駄に燃やされてしまうことになっているので、できれば、その「制限アミノ酸」をたくさん含むほかの食品を一緒に食べれば、無駄が少なくなるということになるのです。

そば粉に小麦粉を混ぜて食べると、そばの「制限アミノ酸」を小麦のアミノ酸が補うので、「生そば」で食べるより条件が良くなるとのことです。

こうしたアミノ酸の構成で、そのままでも人間が完全に全部利用できる食品は無駄がないわけですから、「蛋白価一〇〇」と、一〇〇パーセントで表わされ、無駄が多くなるにつれて数値が下がり、そのかわり量をたくさん食べなくてはならなくなります。

米という食物は大変優れていて、毎日少なくとも七合、約六カップ、「一升メシ」といわれるくらい食べていれば、少なくとも蛋白質の補給はできるそうです。ですから、昔は皆「大めし食らい」だったのです。「汲み取り屋さん」も喜びました。

そのかわり、カリウム過多になりますから、ナトリウムを摂取しなければならなくなり、草食動物と同じに塩が好きになるわけです。肉食動物は血からナトリウムを補います。

江戸時代の川柳では、「大めし食らい」というと、「約束事」で「信州人」を表わします。『平家物語』の「木曾義仲」が元祖ということで、それ以来、「お信濃《しな》」というと、それだけで「大食らい」を意味します。

川柳のナゾ句ですが、

——美しい流人おおめし食らいに成　　柳多留　四・五

というのがあります。信濃の高遠に流された「絵島」のことです。そばどころの信州が、米がたくさんできるというのは、「田毎の月」のせいでしょうか。

更科《さらしな》では、支店には「田毎」を名乗らせました。「信濃では、月と仏とおらがそば」は「一茶」の句です。ですから「一茶庵」という暖簾《のれん》もあります。

米をたくさん食べなくてはならなかったのは、米の蛋白価が「七二」だからです。これでも高いほうで、一番高いのは鶏卵の「一〇〇」ですが、これにはカロリーがありません。米は低カロリー高蛋白の食品です。

ところが、小麦粉の蛋白価は「四七」ですので、お腹が張り裂けるまで食べても、小麦粉だけでは補えません。ですから、小麦粉に不足している必須アミノ酸を、おかずで食べなくてはならないのです。豚肉は「八二」と高いので、「豚肉うどん」でしたら大丈夫ですし、大豆も八〇以上なので、きつねうどんは正解なのです。

しかし、豚肉だけでは、ビタミンAは豊富なものの、含水炭素がありません。糖分不足になります。ついケーキに手が出ますが、今度は脂肪が多くなりすぎます。

小麦という欠陥食品を「主食」とした民族では、ですから、小麦は「主食」ではありません。「バタパンとチーズ」というと、ドイツでは「貧しい食事」になり、日本の「一汁一采」と同じ意味になります。「どっちのパンにバターがついているか」で態度を決めます。しかし、チーズには豊富なカルシウムも含まれておりますから、味噌を食べているより骨格は大きくなれます。

近頃の日本人が大きくなったのは、乳製品のおかげでしょう。「欠陥主食」のために、いろいろなものを食べざるを得なかった民族のほうが、「主食」がある日本人より大きくなったのは当然です。

だいたい、「主食」という言葉も日本独自のものかも知れません。「お米」以外のものは「代用食」と呼ばれました。お米のない時代には、仕方なく代用食のパンやうどん、そばを食べ、「銀シャリ」をなつかしがりました。

ところが、代用食のそばの蛋白価は豚肉と同じか、それより優れて「九〇」を示すものもあるのです。脂肪は少なく、澱粉も多く、蛋白価が高く、しかも蛋白質の含有量も、豚肉の二〇グラムには及びませんが、一三グラムと、米や麦の二倍あります。そうしたところから、小原哲二郎東京農大教授は、柴田書店の『そば・うどん第二集』の中で、

●完全食・そば

そばは、よけいな脂肪もなく、高蛋白低カロリー。「もりそば」に海苔をかけ、汁に玉子を落とし、食後に抹茶を飲めば、栄養価も完璧。

「そばの蛋白質の栄養価は、白米蛋白質の五・四倍を有することを知ることができた」
と、述べられています。
ですから体力がつくのです。よけいな脂肪はありません。ほとんどみんな身になりま
す。ですから小食でも大丈夫なのです。そうすればよけいに高蛋白低カロリーになりま
す。ただし、ビタミンBはあるものの、ビタミンA、Cはありません。ですから、「もり
そば」に海苔《のり》をかけ、汁《つゆ》に玉子を落とし、後でお抹茶を飲めば完全食になります。
波多野承五郎さんが『食味の真髄を探る』(人物往来社刊)の中で、
「栄養研究所で、六十歳になる老人に、三ヶ月間毎日、そばと少量の菜根と大根おろし
とを食わせて、試験してみたが、最初の中は少し痩せたようだが、その後、体重は減ら
なかった。一度、風邪をひいたが、薬も飲まずに全快してなんら変調がなく、丈夫でい
た。この実験によって、人は少量の生野菜を副食物とすれば、そばのみで生きていられ
るのが明白になったといっている」
と、書かれております。
しかし、昔は、そばを食べると身体が冷えるといわれました。反対にうどんは温まる
のです。

二七、なぜ風邪をひいたときに「うどん」を食べるのか

──医者殿はけっくうどんでひっかぶり　拾　九・二六

風邪をひいたお医者様が、自分のところの葛根湯を信用せず、結局うどんを食べて布団に潜ってしまった、というのですが、このくらいうどんは風邪に対して信用がありました。

ましして、昭和初期までうどん屋で「うどん屋の風邪薬」を販売していたのです。それが、薬事法がやかましくなってからはご法度《はっと》になりました。

終わり頃のこの薬は、白い粉で、アスピリンだったそうですから、熱いうどんを食べて、アスピリンを飲んで、温かくして寝れば汗もかき、熱も下がったことでしょう。

そばが冷え、うどんが温まるのは、小麦粉の蛋白価が低いので、余ったアミノ酸がすぐに燃焼してしまうためです。そばのほうは、余分なアミノ酸が少ないために、燃焼が行なわれないので温かくならないのでしょう。

落語に小さなしわがれ声で「うどん屋さん、うどん屋さん」と呼ばれた「夜鳴きうどん屋」が、大店の小僧さんたちが、内緒でうどんを食べるつもりで呼んだのだから、きっとたくさん注文があるかと思ったら、同じようにささやくように「おいくつ」と聞いたら一つで、「うどん屋さんも風邪ですか」といわれる落ちがあります。

冬の寒い夜など、風邪の予防に、うどんを食べて寝ると温かくて良さそうですが、食べてすぐに寝ると、牛にならないまでも太る心配があります。澱粉が多いので、中性脂肪ができやすいでしょう。

しかし、運動選手などは、試合の前にうどんなどを食べておくと、すぐにエネルギーになるので、良いのだそうです。

二八、なぜ「うどん」は「うどん粉」で作るのか

「うどんをこしらえるのには、どんな小麦粉が良いのですか」と聞かれます。「それはうどん粉ですよ」とお返事すると、「それは小麦粉ですか」と怪訝《けげん》な顔をされます。

最近では、小麦粉というと、「強力粉」「薄力粉」があることはわかっていても、もう一つ「中力粉」というものがあるのはあまり宣伝されません。

これは早くいうと、強力でも薄力でもない、蛋白質の含有量が中間という意味です。

それだけではありません。「中力粉」の中にも、違いがあるのです。それは、小麦という植物が土地と気候によって性質が違った品種ができるためです。

強力小麦はアメリカのマニトバが有名です。薄力粉はアメリカのウエスタン・ホワイトが有名です。中力粉には、フランス小麦や、ＡＳＷ(オーストラリア標準小麦)、うどん粉があります。

日本は南北に長いので気候もさまざまですから、寒い北海道ではうどん粉は採れず、そのかわりラーメンに向いた「準強力粉」という、中国北方産と同じ性質のものが採れるので、ラーメンが流行っているのです。

うどん粉が払底《ふってい》(非常に乏しくなること)していた時代には、ＡＳＷが使われました(現在でも主流です)が、これは、早くいえば、うどん粉より澱粉の粘りがはるかに少ないので、「モチモチとした反発力」がなく、ツルツルしたうどんになるのです。

昔は、小麦粉といえば、うどん粉しかありませんでした。それが文明開化になってから「メリケン粉」が入ってきました。これはパン用の強力粉です。昔の日本人は、これが小麦から取れるとは思っていませんでした。食感が違うのです。

——優曇華を小麦の花と覚えてい　拾　四・一一

「優曇華」とは「うどんげ」と読み、インドで三〇〇〇年に一度開花するといわれる伝説の花のことですが、うどんですから、小麦のもとだと、米のなる木を知らない江戸っ子でも、うどんは小麦から作るものだということは知っていたようです。

うどん粉は、讃岐うどんや播州そうめんで名高い、瀬戸内海沿岸の「三県物」と呼ばれるものが最高で、関東になりますと、蛋白質が多くなるせいか締まりすぎ、関西の人にいわせると汁がしみ込まないので「水っぽい」などといいます。むしろもり風に食べるうどんです。関西に比べてやや細めになります。

二九、「夜そば売り」は何を売っていたか

江戸時代の川柳には、「夜鳴きうどん」は出てきません。「夜そば売り」は盛んに出て

きます。そして、この「夜そば売り屋」は、どうもそばだけしか売っていなかったのではないようです。しかし、「夜そば売り」は一六七〇年代には、江戸だけでなく、京、大阪でも商売として独立していた（新島繁編著『蕎麦の事典』）そうですから、関西ではうどんであったことでしょう。『蕎麦史考』には、「夜なきうどん」が大阪であったと書いてありますから、関西ではもっぱら「夜叫《よなき》」と呼ばれていたようですが、こちらもそばも売っていたという記録もあるそうです。

「夜そば売り屋」の道具立ては、歌舞伎の「十六夜清心《いざよいせいしん》」の錦絵の、鬼薊《おにあざみ》清吉が、夜鷹そば屋の荷に隠れるようにかがんでそばを食べている絵（『蕎麦の事典』の表紙です）にあるように、天秤棒の前後に六〇センチ角くらいの屋台を二つつるし、火は七輪で鍋をかけ、そばは茹でた玉を箱に入れ、汁《つゆ》は貧乏徳利に入れて、客の注文があると、大阪のちゃぶちゃぶ屋のように、お湯でそばを温め、どんぶりにあけ、汁《つゆ》をかけたぶっかけを売っていたようです。

この「七輪」というのは、「一銭にも満たない燃料で使える」という意味で、持ち運べる火ができたことで、商いの幅が広がりましたが、火災予防に努めた幕府には頭が痛く、七輪ができてすぐに振売り（荷物をさげたり担ったりして声を出して売り歩く人）が利用すると、すかさず、一六七〇年代から、夜間営業禁止令を出しています。

このそばは、江戸では多分、長屋での自家製のようで、大阪のように、卸はなかったのではないでしょうか。毎日、夜になると、重い荷をぎしぎし担ぎながら、自分が決めた場所に出張し、店を開きます。何箇所かまわるようですが、流しっぱなしではなかったようです。家に帰るのは明け方になります。


——夜そばうりいつのまにやら子をでかし　　柳多留　四・一七

江戸ですと、この「夜そば売り」には、「夜鷹そば」、「風鈴そば」などの異名がありました。ふつうのそばは一六文であったのに、夜鷹そばは一〇文で、夜鷹(下等の娼婦)の代金と同じだったのでこの名がつけられたという説もあります。

風鈴そばのほうが「かやく」などを置き高級だったとのことです。これはトッピングのことで、「種物」も売っていたということでしょう。

ところが、川柳に、

——にゅうめんに声かわりするよそは売り　　柳多留　三・二四

というのがあります。

「にゅうめん」というのは、漢字で書くと「煮麺」です。これは、「そうめんを煮たもの」

で、「そうめんのかけ」です。そうめん売りも「夜そば売り」なのです。

この「声がわりする」というのは、売り声が、そうめんのときにはカン高く、涼しげに「そぅーめん」とかけるのに対し、にゅうめんになりますと、「にゅうーめん」と重々しく、低い声でうなるように売り声をあげたのだそうです。仲間の夜そば売りの宗兵衛さんと重兵衛さんが行方不明になったのを探しに行き、「そーベー、声を変えて、じゅうべー」と呼びかけたという江戸小話があります。

「にゅうめん」の一番単純な種物は「翁にゅうめん」というもので、早くいえば上に菜が置いてある「置き菜煮麺」です。

ご家庭でも、そうめんは夏のものとばかり思わず、「にゅうめん」にすれば、季節を問わずメシャガれます。汁は、鰹節と醤油にこだわらず、コンソメスープでも、トリがらスープでも、塩味が合うでしょう。

なお、植原路郎編著『蕎麦辞典』（東京堂出版刊）によりますと、「鍋焼きうどん」は明治になってから、東京で売り始められたとのことです。

三〇、「種物」はいつ頃からあるか

「翁にゅうめん」のようなふざけた種物以外に、まじめな品物は十八世紀にはそろっていたようです。

「かやく」は『広辞苑』によれば「加薬」で、主に関西で使われる言葉だそうで、「薬味」も同類かもしれません。

種物の発生は『蕎麦史考』に詳しく書いてあります。主に『守貞漫稿』に拠《よ》っており、一八二七年には「天ぷらそば」があり、それに前後して、「あられ、花巻、しっぽく、玉子とじ、鴨南蛮、親子南蛮」関西で、そのほかに、あんかけうどん、かしわなんばん、のっぺい、翁にゅうめん、かやくそば、などが出てきます。

三一、「しっぽく」と「五目そば」と「おかめ」の違い

『守貞漫稿』には、「しっぽく」について、「関西と同じである」とわざわざ注釈をつけていますが、現代では貝柱を入れた「あられそば」はまだ売られているものの、「しっぽく」はまず見られなくなりました。

——しっぽこをどっときて食いぱっと散り　　拾　七・一七

吉原で、客がしっぽくでも注文したのでしょう。これはそばとは違い、五、六人で食べる料理です。これをお客は取り分けて食べるのですが、「硯《すずり》」の蓋《ふた》が初めは利用されたために、後になると「硯蓋」というと、「口取りざかな」になり、早くいえば「前菜」に昇格し、吉原でお客に出されるようになりました。

しっぽくは「しゅっぽく」「しっぽこ」などとも呼ばれ、「卓袱」という字で書かれるのが本格で、中国ではテーブルクロスのことでしたが、転じて食卓そのものを指すようになったとのことです。長崎から伝来し、「長崎料理」ともいい、その中に、「大皿にの

せられたうどんに、色々の野菜、肉類を載《の》せたもの」があり、『蕎麦全書』には、一七五〇年頃に、江戸でそれを真似た「しっぽくそば」をいち早く売り出したそば屋があったと書かれています。

要するに、現在の「皿うどん」のようです。ただし、麺は揚げられていません。入れられたものは、玉子焼き、蒲鉾《かまぼこ》、椎茸や、鶏肉、魚などを入れたといいますから、早くいえば「五目そば」、「かやくそば」です。

明治期になってから、同じように、玉子焼き、蒲鉾を入れながら、もう少し簡便にして、そのかわり並べ方に工夫をした「おかめそば」が上野、池之端の「太田庵」という店で始められました。

しかし、それもだんだん形がくずれて、現在では、「五目」との違いは肉類のあるなしくらいになっております。

ほかの種物には、それほどやかましい盛りつけ方はありません。

「あんかけ」というのは、しっぽくの汁が、葛仕立てになっているもので、現在では五目の葛汁仕立てになっています。関西ではこれを「安平《あんぺい》」とも呼びます。

●おかめそば

1、「島田湯葉」という、湯葉の真中を細く切った昆布で巻いたもの。娘の髪型を表わす。

2、「寿司玉」と呼ぶ、二一センチ角の薄い玉子焼きを七センチの四角、九枚に切り、それをさらに三角形に二等分したもの。

3、蒲鉾、二枚でほっぺたにする。

4、松茸の薄切り、鼻に見立てる。

おかめは季節商品で、松茸のない時期には休んだ。

三二、「玉子とじ」と「かきたま」と「けいらん」の違い

古くからある玉子とじは、江戸では天ぷらそばと同じ値段、関西ですと、天ぷらそばやあんかけうどんが三二文なのに、鴨南蛮と同じ四八文もする高い種物です。もっとも、江戸と大阪では天ぷらが違います。大阪では、はんぺんの揚げたものです。

しかし、これは、鶏卵が貴重品で高価であったからではなさそうです。文化・文政期に、料理の作り方の「百珍」物が出版され、豆腐や玉子もあるのです。

――すがきとたまごたまごで幕が開き　拾　六・一一

吉原は三味線をシャランシャランとかき鳴らす音と、玉子売りの売り声で開店するのだそうです。

玉子は精力剤ですから、薬ということで高いのでしょう。『本朝食鑑』に、弱ったときには「鶏子一個の殻を取って汁を取り、煮え立つ湯に入れ、一盃づつこれを食すると妙験がある」と書かれています。

そのほかにも、玉子とじは作るのに手間がかかるのです。

まず、汁ですが、ふつうの種物用のそば汁《つゆ》より、少し「辛濃い目」でないと、味がぼけるのです。それから、その汁を沸騰させますので、出汁気が飛び、はじめによく出汁を利《き》かせておかないと、水っぽくなります。

最後に、この玉子とじの玉子は、汁の上にパッと広げて煮上げるのではなく、よく煮えくり返った汁を箸でぐるぐる回転させ、渦を作り、その渦の外側から、玉子の溶いたものを糸のように流し込み、その玉子の糸が沸騰している汁に触れるや否や煮え、渦の力で中心に集まりながら幕をつくらなくてはいけないのです。

すると、玉子とじをメシャガるとき、そばをつまみ上げると、玉子も糸のようにつまみ上げられ、一緒に口に入るという仕掛けです。

このように、玉子を糸のように流し込むためには、昔は単純な「玉子料理の常識」がありました。不思議と最近は料理番組でも見なくなりましたが、これは道具が西洋風に発達したせいでしょう。

昔の料理人は、道具といったら、包丁に箸くらいなもので、それだけで「包丁式」ができるのです。そのほかに一番便利なものに「手と五本の指」があります。

そばを捏《こ》ねるにも、この道具だけで仕上げます。

玉子料理にも、今のような針金がたくさん丸く束ねられているような攪拌器《かくはんき》はありませんから、ふつうは箸で玉子もかき回すことになりますが、二本だけでは早くできません。一生懸命にかき回すと、泡になってしまいます。

そこで、玉子を割って見ますと、中は、ぽっこりとした黄身と、こんもりとした白身と、そのまわりに水っぽい部分と三つの違ったところがあるのに気づかれるでしょう。

このうち、いつでも団体で行動するのは、こんもりとした白身だけで、黄身も水っぽいところも、すぐに混じりあいます。

この、塊の白身は、一生懸命かき回すとメレンゲになるほど抵抗が強いので、激しくはかき回せません。しかし、鋏《はさみ》で切れるのです。ですから、箸で何回も切ったり、つまみ上げて落としていると、小片にはなりますが、手間がかかります。

そこで、職人は、まず手を洗い（これは何回洗っても良いものです）、黄身だけ掬《すく》い出して別のそば猪口《ちょこ》などにあけ、親指以外の四本の指で白身をつかまえ、手を握り締めて、指の間から白身を絞り出す動作を三、四回やると、白身はニョロニョロと絞り出されながらバラバラになります。

そうなったら黄身と混ぜてかきまわします。黄身ごと絞り出すと、黄身には脂肪分が多いので、手がベタベタになります。それからまた手を洗うので、手間がかかります。

この白身の扱いは、玉子とじに限らず、玉子焼き、天ぷらのころも、白魚の玉子とじのお汁《つゆ》などに利用できます。しかし、江戸時代の料理の「玉子のふわふわ」のときには、箸でしっかり泡立てるほどかきまわしたほうが、ふんわりと盛り上がります。

●生玉子のかきまぜ方

生玉子をかきまぜるには、まず白身を手にとり、親指以外の四本の指で握って絞り出す動作を三、四回やった後、黄身と混ぜてかき回す。

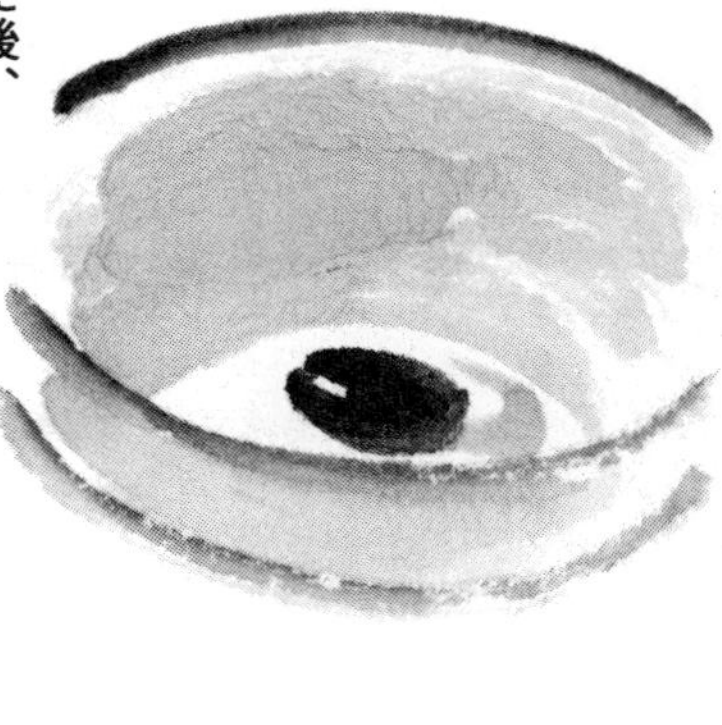

三三、なぜ「鴨南蛮」の「葱」がときどき焼いてあるか

そば屋に入って「鴨南蛮」をご注文になると、そこに入っている葱が、焼いてあったり、炒めてあったりすることがあるのにお気づきでしょう。

実は、昭和中期に、この「南蛮の葱」はどう処理されるべきかで大論争がありました。それは「南蛮とは何か」ということで、多田鉄之助さんという方が書いた本に載《の》っています。

「一、葱が入っていれば南蛮である

二、葱が油で炒めてなければ南蛮でない

三、いや、葱が焼いてなければ南蛮といってはいけない」

と、こんな具合で、藪《やぶ》御三家のうちの、堀田勝三さんは、「うるさいから、うちでは『鴨そば』にしてあります」と『うどんのぬき湯』に書かれているという騒ぎでした。

『広辞苑』では、「南蛮煮」の中に「野菜、魚鳥などを油で炒めたもの。縦に裂いた葱に

味をつけ、魚または鳥を合わせて煮たもの。とうがらしを合わせて煮たもの」ということになっていますから、葱は油で炒めたものが本流のようです。

しかし、ふつうは「南蛮」というと、ポルトガル、イスパニア人のことで、「紅毛人」と呼ばれるオランダ人とは違うことになっています。

余談になりますが、江戸時代には、紅毛、南蛮人には「踵《かかと》」がないと思われていました。


——丸山でかかとの無いのもまれに生み　　柳多留　初・一・三一

これは、ふつうの日本人は「足半」といって、足の前のほうにだけあたる草鞋《わらじ》をはき、「見返り美人」の絵のようにつま先立ちの前のめりで歩いているのが、長崎の丸山遊郭に通う欧米人は「かかとがある」靴をはいているので、踵《かかと》がないのだろうと思ったのです。

そのほかにも、唐辛子のことを「南蛮芥子《からし》」、とうもろこしのことを「南蛮黍《きび》」、金米糖《こんぺいとう》のことを「南蛮菓子」などといったそうです。

ふつう、日本では、外国産にはその輸入国の名前を冠します。古くは、すでに中国で中近東から輸入されたものが日本に再輸入された「胡瓜《きゅうり》」「胡麻《ごま》」「胡椒《こしょう》」。それより新しく唐から輸入された「唐辛子」、「唐もろこし」、薩摩では「唐土芋《からいも》」が江戸では「薩摩芋」、両方から入ったのか「南瓜《かぼちゃ》（カンボチャ）」、「唐茄子《とうなす》」。そのまま使われているのが「タバコ」、「カステラ」という具合ですから、葱は南蛮から来たものではないので、おそらく『広辞苑』の「葱を油で炒めた」料理法で調理したということでしょう。

また余談になりますが、日本語の食品名が英語になっているものをご存知でしょうか。それは「醤油豆」で「大豆」のことなのです。語源が出ている大きな英語辞典をご覧になって、「Ｓｏｙ」と引くと「醤油のこと」と出ているはずです。そして「Ｓｏｙ・Ｂｅａｎｓ」とは「醤油豆」の意味です。江戸時代の、オランダ東印度会社の輸出品である醤油は陶器の徳利に入れられていますが、その表面に「ＳＯＹ－Ａ」と焼きが入れられております。ルイ十四世の宮廷料理にも使われたそうです。きっと、それからアメリカ大陸に原料の醤油豆がもたらされ、彼の地の産物になったのでしょう。

この「鴨南蛮」に使われる鴨は「合鴨」で、鴨とあひるの混血です。「青首あひる」と呼ばれ、昔から、北京ダックにされたり、フランスの鴨料理屋などでは現代に至るまでに売った鴨に連続ナンバーを打っているほど昔から美味しい肉です。

汁で煮ると良い出汁が出るところから、天ぷらと鴨南蛮をお一人で一緒にご注文になったお客様には、鴨南蛮から先にお出しすると、天ぷらの汁《つゆ》の出汁が利《き》いていないように感じられるので、天ぷらから出すように気をつけろといわれております。

昔は鴨は冬のものでした。冬になると、皇室の鴨猟の話題が新聞に載《の》りました。しかし、最近では年間をとおして、安く手に入ります。「抱《だ》き」と呼ばれる胸肉のほうが「別足《べっそく》」という足よりやわらかですが、出汁は足のほうがよく出ます。

パックでスーパーなどでも売っております。薄切りにして、そのまま煮立ったそば汁《つゆ》に葱と一緒に入れ、雑煮でもそばでもうどんでも、簡単にそば屋の味ができ上がります。何の手間もかけずに美味しい昼食になります。なにも、「鴨鍋」とむずかしく考えることはないのです。冷凍ものは半解凍で、ごく薄く切ることをおすすめします。

三四、なぜ「天もり」が「岡」へ上がったか

最近では、そば屋で一番よく売れる品物は「天もり」です。しかし、これは発明されてからまだ五〇年とはたっていない新入りの売り物です。

「天ぷら」は、ポルトガル語で揚げ物という意味の「テンポラ」からきたとも、「天竺《てんじく》か

らぶらっと」やってきたからなどともいわれますが、南蛮船のもたらした珍しい食べ物ということで、徳川家康がこれを食べすぎたのが原因で亡くなったといわれています。これは「鯛の天ぷら」で、作り方は「鯛のから揚げ」だったそうです。

この「から揚げ」が、魚に小麦粉のころもをつけて揚げるようになったのは、一七五〇年代以降のこととされておりますが、どんな魚であったかはわかりません。

その後、そば屋の天ぷらは、『守貞漫稿』には「芝海老の油揚げ、三四を加える」ようになり、昭和初期まで、芝海老を「つまみ揚げ」にしたり、「かき揚げ」にしてお汁《つゆ》で煮込んだ種物仕立てで販売しておりました。その頃は、かき揚げの中には、芝海老が六、七本入っていました。ふつうの天ぷらそばは、芝海老の「二ズマ（二本つまんだもの）」二貫か、二ズマと三ズマを合わせて五貫の海老が入っているのがふつうでした。

それが、昭和二十五年頃、室町の砂場さんで、やや薄い目のもり汁《つゆ》の中でこのかき揚げを煮込み、「もりそば」をつけて食べる「天もり」を開発され、それがほかのそば屋にも普及したものです。「天もり事始め」は、『そば屋の旦那衆むかし語り』の「室町砂場」の項をご覧ください。

その天ぷらが、いつのまにか「岡」へ上がりました。岡へ上がるというのは、「水(汁)」

につかっていないということです。それは、海老が大きくなって、入れ物に入りきれなくなったせいでしょう。「天ぷらそば」の海老が大きくなったのは、麻布の更科《さらしな》系の鎌倉海老以外は戦争後のことです。今では丼にも入りきれないのが話題になります。

しかし、現在、一体なんという海老が使われているのか、わからなくなっています。昔ですと、車海老、マキ、芝海老くらいが有名でしたが、昭和初期でも知られている海老の種類は八〇種、そのうちそば屋で使われていた海老は二〇種類と祖父、昇太郎は『そば屋の旦那衆むかし語り』の中で述べております。

伊勢海老は食べるものというより、お正月のお飾りに使われました。

三五、「色物」と「変わりそば」

最近では、「茶そば」だけでなく、かなりのお店で季節の「変わりそば」を提供しております。ふつうのそばではなく、混ぜ物をしたり、違う粉でこしらえたそばですが、その中で、色が鮮やかなものを「色物」と呼びます。

こうした変わりそばは、『蕎麦全書』によれば、「紅切り」「百合切り」といったそばが天明七年（一七八七年）にあるそうですし、まとまったものとしては、佐原市の小堀屋さんに、一八〇三年の年号の入った文書があり、そこに五七種類の「変わり麺」が、簡単な内容とともに記載されております。

これは、新島繁著『蕎麦年代記』（柴田書店）にも載《の》せられておりますし、文書の写真版は、「そば・うどん」の第四号にも、新島繁さんの解説と一緒に記事になっております。

私も、昭和二十七年頃に祖父から作り方を教わり、それを『麺類杜氏職必携』に、約七〇種類の作り方と混ぜ物の分量、それから、主として『本朝食鑑』による「能書」を添えて一章としております。

三六、なぜ「蒸籠」に盛り海苔をかけたそばを「ざる」というか

現在のお客様は、「天もり」と注文されて「元祖天もり」が出てきたり、「ざる」とご注文になってそばの上に海苔《のり》がかかっていなかったならば、おそらく「これは何だ」とお怒りになるかもしれません。

しかし、「天もり」は本来汁につかっているものですし、海苔《のり》がかかっていなくても、そばが笊《ざる》に盛られていれば「ざる」なのです。

しかし、ふつう、「ざる」というと、そばの上へ海苔《のり》がかかっているのが現代の常識です。ところが、海苔《のり》と笊《ざる》の間には、何の因果関係もありません。とはいえ、そば屋へ行って、「ざる」と注文すると、店では、何もいわずに「もり」に海苔《のり》をかけて持ってきます。入れ物の蒸籠《せいろう》が、店によっては少し上等なものになることもありますが、鰻屋のよう

に、中身の鰻が変わるようなことはなく、そばはふつうのものなのです。そのかわり、鰻屋ほど値段の差はありません。

つまり、ふつうの「もり」に海苔《のり》がかかれば「ざる」なのです。

また、店によっては、最初から全部の「もり」に海苔《のり》をかけてくるところもあり、その店には、「ざる」はありません。

さらに、そばを蒸籠《せいろう》に盛らず、本当の笊《ざる》に盛る店もあります。しかし、その店はそれが「もり」であって、「ざる」ではありません。いわゆる「ざる」を注文すると、「海苔《のり》かけせいろう一枚」と中に注文しています。

これは、笊《ざる》に盛ってあっても「蒸籠《せいろう》」なのです。まことにもって混乱します。どれが正しいかといっても、これはクイズにはならないのです。

新島繁編著『蕎麦の事典』によりますと、「海苔《のり》をかけるのは、明治以降の現象である」と書かれております。この、新島繁さんは、「そば博士」と呼ばれ、そばに関するほとんどの文献を集め、これを読破し、どこかに典拠があれば必ず記される方で、記述は正確無比の方ですから、この方がこういうのであれば、ほかに調べようがありません。

もし、「そばに海苔《のり》をかけた」という文献が見つかれば、それはそば史上の一大発見です。「元祖ざるそばは、当店です」といっても典拠がなければ駄目です。

ですから「天もり」には典拠をつけておきました。「大変良いことである」と、渡辺さんといわれるそば研究家からおほめをいただきました。「カツ丼」はそば屋が始めたもので、早稲田の「三朝庵さん」のはずですが、典拠がないので、もう一軒元祖があります。「三朝庵さん」の話では、早稲田の学生さんが知恵をつけてくれたそうです。

「ざる」という名称は、同じこの事典によれば、寛政三年、一七九一年に、この年の出来事として、江戸、深川にあった「深川洲崎名物の笊《ざる》そばは、九月の高波のあと絶えたり」と書かれた『武江年表《ぶこうねんぴょう》』があるそうですし、この店は伊勢屋といって「ざるそばの元祖」だそうです。一七五一年の『蕎麦全書』にも、「洲崎ざるそば」は出ています。

これから先は、新島さんと違っていいかげんな私の推理になりますが、これは、まず、このそばはもう蒸されていないそばであったから、ほかの「蒸しそば」と差別したのであろうし、笊《ざる》のほうが蒸籠《せいろう》より大きかったので、盛りが良かったのかもしれません。『蕎麦全書』の頃のそば屋は、「笊《ざる》に盛って出すからざるそば」、蒸籠《せいろう》に蓋《ふた》をして、その上に和歌を書いたから「歌仙そば」などと名乗って差別化をはかっていたようです。

それが、明治になって、やかましいお上がいなくなり、値段が自由になったようで、なんとかして売上を上げたいそば屋が、「もり」の高級品ということでそばの上に海苔《のり》をかけ、売ったのではないでしょうか。

この時期には、明治四十二年の「カレーうどん」とか、年代ははっきりしないものの「おかめそば」とか、「鍋焼きうどん」とかの新機軸が輩出しております。植原路郎編著『蕎麦辞典』をご参照ください。

もしかすると、ちょうど昭和二十五年頃、室町の砂場さんで「天もり」をメシャガったお客様が、ほかのそば屋へ行き、「天もりをよこせ」、「それはなんですか」、「もりと天ぷらが別になっているんだ」ということで、方々のそば屋に「天もり」が広まったように、どこか一軒のそば屋が、笊《ざる》に盛ったそばに海苔《のり》をかけ「ざるそばです」といって売ったのが、他所のそば屋でも、笊《ざる》に盛らないで、「もり」に海苔《のり》をかけたものを「ざる」というようになったのではないでしょうか。

そばに海苔《のり》をかけただけでは曲がないので、つけるそば汁《つゆ》にも少し工夫をこらしました。ふつうのもり汁に「御膳がえし」というものを、ほんの一、二ミリリットル加えたのです。

これは、そば屋はふつう、醤油がくるとすぐに、そこに砂糖を溶かしこみます。変質を防ぐためで、砂糖漬けが持つようなものです。これを「返し」と呼んでいます。

ふつうは、この返しと出汁とを一定割合で合わせてもり汁にするのですが、このふつうの返しに、さらにその返しの量の一割か二割にあたる味醂を加え、もう一度火を入れたものが「御膳返し」です。

味醂が多い分だけコクが出ますし、汁《つゆ》もふつうのものより濃くなります。

しかし、現在では、こうしているお店はまずないでしょう。砂場さんでは「ざるそば」というと、さらしな粉で打ったそばを出すのは、丁寧な仕事です。むしろ、「ざるそば」が消え失せていくのかもしれません。そば屋の売り物も、昔に比べて多彩です。江戸時代のように、海苔《のり》は薬味として別に出てくるのではないでしょうか。

この、もりに海苔《のり》をかけたそばがなかった江戸時代に、「かけに海苔《のり》をかけた『花巻』」はもうあったのです。安永年間（一七七二～八一年）のことです。

『守貞漫稿』には、「花巻―浅草海苔《のり》を炙《あぶ》りて揉み加える。二十四文」と値段まで書いてありますが、このときの天ぷらそばは三二文、あられそばは二四文なのに、玉子とじは天ぷらと同じ三二文と高価です。

しかし、玉子が貴重品であったわけではなく、玉子売りは吉原の中を売り歩いていました。もしかすると、精力剤であったので高かったのかもしれません。

この「浅草海苔《のり》」というのは、江戸の浅草の特産品でした。昔は浅草の近くは海で、観音様は灯台の役目もしていたそうで「隅田川の奥を浅草という」ことになっており、海人《あまびと》の神様だったそうです。

ここで採れる海苔《のり》があまり評判が高いので、『本朝食鑑』には、関西で採れる海苔《のり》も「浅草海苔《のり》といって入荷してくる」と書いてあります。

『蕎麦全書』には、紙の上に海苔《のり》を乗せて炙《あぶ》ると書いてあります。現在でも、そば屋で「焼き海苔《のり》」を注文すると、凝った店では、焼き杉の板でこしらえた小さな箱が三つ重ねの格好になった入れ物に入れてきます。

一番上は蓋《ふた》で、真中は枠だけですが、下側に和紙が張ってあり、そこに海苔《のり》を八つ切りにしたものを置き、一番下は赤銅を張った小火鉢になっていて、小さな炭が熾《おこ》っており、海苔《のり》がいつも炙《あぶ》られているようになっています。

この道具がいつ頃から使われたかははっきりしませんが、江戸末期からあったとも、明治の初めから使われだしたともいわれます。

三七、なぜ「庵」のつくそば屋が多いのか

「三朝庵」さんのほかにも、長寿庵、松月庵など、そば屋には「庵」がつく暖簾《のれん》名が多いことにお気づきでしょう。

長寿庵などは、同じ暖簾《のれん》名に属するそば屋が四〇〇軒以上あり、「満留賀」も同じくらいあるのですが、同じ暖簾《のれん》名ですと、一町内に二軒も三軒もあることになり、道具などが混乱するので、満留賀や長寿庵では、その暖簾《のれん》会の名前を名乗らずに「さらしな」や「藪《やぶ》」を名乗る店もあるくらいです。

東京では、お寺の「庵」よりそば屋の「庵」のほうが多いでしょう。しかし、これはそば屋が信心深かったからではありません。もっとも、「あやかりたかった」のは本心です。

それは「道光庵」という、大きなお寺の中にあった庵で、そこの庵主さんが大変そばを打つのが上手で、庵に参詣される信者にそばを振舞っていました。

それがいつしか評判になり、参詣するのか、そばを食べに来るのかわからないものの、大変な人出で、お経をあげるヒマもなくなりそうだし、本寺のほうでもやきもちを焼いて、この庵の入り口に「不許蕎麦入院内」という石碑を建てて、そばを振舞うことを禁じました。『蕎麦の事典』によりますと、それは一七八六年、天明六年のことだったそうです。

——道光庵草をなめたひ顔ばかり　　拾　初・二一

そして、あやかりの庵号がそば屋につけられ始めたのは、そのすぐ後から始まったものの、流行ったのは、一八〇〇年代の初めの文化・文政の時代からなので、『蕎麦全書』に挙げられているそば屋の中には「庵号」を名乗る店は見当たりません。

この「草をなめたひ（い）」というのは、落語の「そばの羽織」のことで、大蛇が人を飲み込んでお腹がはちきれそうになったのに、草をなめたらとたんに消化したのを見た人がその草を採ってきて、そばの食べ比べでたくさん食べ、腹がくちくなったので一寸失礼と屏風の陰に隠れてその草をなめたところ、人間が溶《と》けて、そばが羽織を着ていたというホラーです。これは、もとの話が中国にあるそうです。

三八、なぜ「そば」と「お寺」と関係が深いか

そばの発生の「元珍」説といい、その後の文献といい、そばはお寺によって改良されていったようです。

だいたい僧侶というものは、先進知識階級で、遣唐使などに同行して、学問ばかりでなく、中国の珍しい食べ物なども日本にもたらしています。

うどんの元祖の「むぎなわ」なども中国の点心《てんしん》（お菓子）からだそうですし、味噌はお寺が製造元で、それから庶民に広がりました。

醤油も、その味噌の変化したものです。

僧侶にそばが好まれた原因は、やはり、肉食をしないので、良質の蛋白質をそばに求めたせいでしょう。味噌も同じです。

そのほかに、そばの特徴に「煮炊きしないでも消化できる」ことがあり、僧侶は、そば粉を持って雲水（諸国を修行行脚すること）などに出かけ、山中でもお腹がすくと、谷

川の水でそば粉を溶き、そのまま食べました。これが小麦粉では消化しません。「はったい粉」、「麦こがし」にしておけば消化しますが、それでは栄養不足です。

そのほかに、この煮炊きしないでも食べられるということから、「火絶ち」の荒行の最中にも山芋とそば粉が主食になりますし、もっと大変な「五穀絶ち」で「木食上人」になっても、そばは五穀ではありませんのでずっと食べていて良いのです。

五穀絶ちですと、味噌はきっと食べてはいけないのでしょう。塩でもつけて食べたのでしょうか。

「道光庵」でのそば振舞いのときには、お寺のことですから、現在のような、鰹節を入れた汁《つゆ》ではなかったはずです。

『蕎麦全書』には、薬味に、「赤山大根」という、辛い大根を道光庵では使っていたそうで、これは現在の埼玉県川口市あたりで採れた大根です。

汁《つゆ》は何を使ったかは書いてありませんが、友蕎子《ゆうきょうし》さんは、自分の汁《つゆ》の作り方まで書いておりますので、その中の「精進物」であったのでしょう。

薬味も、「紫菜」（海苔《のり》のことです）は精進のときに「乾松魚《ほしかつお》」（鰹節のことです）のかわりに使っております。

三九、江戸時代の「そば汁」

『蕎麦全書』の友蕎子《ゆうきょうし》さんがふだん食べているそば汁《つゆ》は、次のようにして作ります。

材料は、

醤油　　　一升（一・八リットル）

良いお酒　四合（七二〇ミリリットル）

水　　　　四合（七二〇ミリリットル）

この「三品」を混ぜて、とろ火で一時間ほど煮詰めたものだそうです。

ただし、この「お酒」は、現代日本の「甘口」よりもはるかに甘い、味醂に近いものであったことでしょう。

その理由は、私も、麻布の堀井の店で、二〇〇年前のレシピでこしらえたお酒を飲む機会がありましたが、まったく、盃からは盛り上がりますし、テーブルには盃がくっつきますし、味醂より品が良い甘さだったからです。だから、お料理に使ったのでしょう。

これは「精進汁」で、もしも「生臭汁」を好む人がいたら、鰹節を四、五十匁《もんめ》（一五〇～一八〇グラム）、一・八リットルの水に入れて、とろ火で「鰹節の味はひなきまで」煎じ、その出汁を前の汁の中に好みに任せて入れろ、と指示しております。

そのほかにも、ふつうは「垂れ味噌」「煮抜き」といったものがそばのみならず、さまざまな調味料として使われております。

「垂れ味噌」というのは、「味噌、一升を水三升」に溶かして、よく揉みながら垂れてくる汁を集めた「生垂れ」、「味噌一升に、水三升五合」を加えて火にかけ、煮詰めて「三升」になったところで袋に入れて汁が垂れてきたものを集める「垂れ味噌」、そのときに、一緒に鰹節の削ったものを入れて煮詰めた「煮抜き」があります。これらが「タレ」と呼ばれる調味料の始まりでしょう。

それが、醤油と砂糖、味醂、出汁を合わせた、現在のそば汁《つゆ》になったのは、それぞれの材料の入手具合から見て、飲食店が全盛となった「化政期」（文化・文政の年号の頃のことで、一八〇〇年代の初めの頃）のことと考えられます。

詳しくは、拙著『そばつゆ・江戸の味』（ハート出版刊）をご覧ください。

大阪では、明治期になっても、醤油をお酒でのばしたものを使っていたそうです。

しかし、これは、江戸時代の日本に砂糖が少なかったり、味醂が貴重品であったせいではありません。なにしろ、江戸では一六文のそば屋まで使っているのです。

味醂ができたのは、一五〇〇年代の終わり頃のようですし、砂糖は、八代将軍徳川吉宗が、オランダ貿易で砂糖の輸入が増え、銀の流出がはなはだしいと、砂糖の国産をすすめ、東北以外の日本各地で生産されたのです。

それが滅びたのは、明治以降の砂糖の輸入解禁の結果です。江戸末期には、江戸では、

明治期の全国平均と同じ砂糖の消費量でした。

江戸期にも、お医者が「砂糖の摂りすぎは短命になる」と、現代のお医者様と同じことをいっております。

味醂は、焼酎に麹《こうじ》を入れて作りますので、焼酎がなくてはできない調味料ですが、その焼酎は、「ランビキ」と呼ばれた蒸留器が普及してから、「お酒」として好まれたようです。

「ランビキ」は「もと南蛮の器である」と『本朝食鑑』に書かれております。

現在でも、関西の味醂は「本直し」とも呼ばれ、関東の調味用味醂より薄く、飲めるようになっております。

この「飲める」ということから、お上は「酒」と認定し、酒税の対象になっていますので、味醂にわざわざ塩を入れ、飲用に適さないようにして酒税を免れたものが「味醂風」調味料です。

『小堀屋文書』には、そば汁《つゆ》は、醤油と、鰹節と味醂で作ると材料も書いてありますが、砂糖は使われておりません。

四〇、「出汁が利く」というのはどういうことか

「玉子とじの汁は出汁が利《き》いていなくてはいけない」と申しましたが、現在では、この「出汁が利《き》いている」のがわからなくなっているようです。

出汁が利《き》いているということは、「鰹節の良いにおいが濃い」ということではありません。「出汁がよく出ている」ということです。「出汁の中のエキス分が濃い」ということです。

出汁の中には、その使用した材料（肉類、魚類、野菜類）の水溶性のエキス分が流出して、水より濃い液体になっています。

これらのほとんどはアミノ酸で、水溶性蛋白質が主体です。そして、そのアミノ酸の中に、旨味《うまみ》の成分であるグルタミン酸とか、イノシン酸のヒスチジン塩があるのです。ですから、出汁自体も美味しいのです。そして、これらは割合熱に強く、鰹節を入れたままで煮詰めるとより濃くなります。だしがらを引いてしまうと、薄くなるのが不思議

です。

ふつう、お吸い物を作るときに出汁を引きますが、あれでは、一定の濃度の出汁しか出ません。ですから、出汁というより「香り取りのスープ」をこしらえているのです。その香りも、「鰹節の香り」というよりも、「燻製臭」でごまかされていることが多いようです。

今日流布《るふ》している「出汁の引き方」は、ほとんどが「吸い物出汁」の引き方で、その方法は「沸騰した湯の中にごく薄く削った鰹節を入れ、すぐに火を止め、だしがらと分ける」という風に教えられます。

鰹節の入れる量は、江戸の料理屋の口伝《くでん》では「一升に二〇匁《もんめ》」ということになっており、お湯一・八リットルに、削った鰹節七五グラム入れます。

これで見ると、お椀、一杯分の出汁はおよそ一五〇ミリリットルですから、そこには削り節のパック、三グラムのものを二袋入れなければいけません。しかし、「そば屋の出汁」という点からみますと、これでも、鰹節の入り方が少ないのです。

それに、こうした、沸騰中に入れてすぐに火を止めて分ける、というやり方ですと、取れる出汁の量は、鰹節のだしがらに吸い取られた分だけが減るだけです。

そして、このだしがらは、もう一度お湯で煮て「煮物出汁」を作りなさいと指導されますが、「二番だし」が引かれることはまずなく、そのまま捨てられてしまいます。

全く鰹節が可哀そうです。こういう使い方をされると、鰹節の旨味《うまみ》とされるヒスチジンだけは三分の二ほど利用されますが、そのほかのアミノ酸は一パーセント以下、また、食べてしまえば身につく蛋白質は全部だしがらになり、捨てられてしまわれるのです。鰹節の蛋白価は「九〇」とほとんど完全ですから、もったいない話です。

本来は、鰹節は、おひたしに直接かけてメシャがられるほうが無駄がありません。とはいえ、鰹節を直接食べる習慣は江戸時代から、兵糧《ひょうろう》(軍隊の食料)でしかなくなり、出汁の原料ということで、煮出しエキスだけ利用されるようになっています。

まして日本では、出汁というと、ほかに昆布があるくらいで、フランス料理のような、牛肉のフオン、鶏がらのブイヨン、野菜、魚と豊富なベースはありません。フランス料理の評価が高いのは、こうした、濃い、多彩なソースの素を使うからです。

スープも、こうしたフオンの中の一種を薄く延ばしたもので、日本のように、スープを先に作ることはありません。「スープ・ストック」という格好で、フオンがさらに煮詰められながらアクが取られ、保存が利《き》く濃度にまで濃縮されています。

「出汁が利《き》く」ということは、こうした、フオン、ブイヨンが濃いということで、においがするということではありません。

こうした「出汁」の成分の比較は、一〇〇〇CC中

鰹節	グルタミン酸	〇・七
	イノシン酸	一三・七
昆布	グルタミン酸	一三・〇
	イノシン酸	〇
鶏ガラ	グルタミン酸	一九・一
	イノシン酸	八・八
牛すね肉	グルタミン酸	一五・二
	イノシン酸	九・一
魚ブイヨン	グルタミン酸	一九・一
	イノシン酸	一三・四

（拙著『だしの本』ハート出版刊・五一ページ参照）

と、なっています。

日本のように、鰹節と昆布しかない国で「出汁を利《き》かせ」ようとしたら、材料をたくさん使うか、またはフオンを作るように煮詰めていかなくてはならないのです。

ところが、昆布は煮詰めるのには向きません。また、たくさん使用するとヌルが出て昆布くさくなってしまいます。鰹節もふつう見られるように薄く削っては、かさがありすぎ、すぐにお湯がなくなってしまいます。

ですから、そうした中で、そば屋は昔からそういう問題を克服していました。つまり、厚く削り、長時間煮詰めるのに耐えるようにしたのです。

どのくらい厚いかというと、ふつう、パックに入っている「削り節」は「薄削り」といって、厚さが〇・二ミリ以下ということになっています。それに対し、そば屋では、最低でも〇・五ミリ、厚いところでは一・五ミリの厚さに削って使用します。

煮詰める時間も、吸い物出汁が五秒くらいなのに、そば屋では短い店で三〇分、長いところでは二時間沸騰を続けて、煮詰めていきます。

このように厚く削ると、薄削りに比べると見た目の量は一〇分の一になりますので、水を吸ってかさが増えることもなく、煮詰めていっても、お湯が残るようになります。

ですから、入れる分量も一・八リットルに七五グラムよりもたくさん入れられ、八〇グラムは少ないほうで、ふつうでも一〇〇グラム、多いところでは二〇〇グラム入れます。

そして長時間煮詰めるのですから、最初のお湯の量は、二時間も煮詰めたあとでは四〇パーセントくらいしか残らず、六〇パーセントは蒸発させてしまうのです。

東京のそば屋では、煮詰まって量が減ったからと、お湯を足して増やすことはしませんので、ひとりでに濃い出汁になるわけです。

こうしたアナログの世界の「出汁が出ている」、「出ていない」の水掛論争に決着をつけるために、これをデジタル化しようと「手持ち屈折濃度計」なるものを利用しました。昭和四十年代のことでしょうか。これはそれまでには、果物の糖度を調べたり、自動車の不凍液を調べるのに使われておりましたが、私がメーカーに度々注文しましたところ、メーカー側で興味を持ち、「調理にも使えるのですか」ということになり、大変販路が増えた経験があります。

それで調べましたところ、「吸い物出汁」の濃度（BX＝ブリックスという単位を用います）は〇・五BXパーセントで、そば屋の出汁の一番濃いもので、二・五BXパーセントでした。

●手持ち屈折濃度計

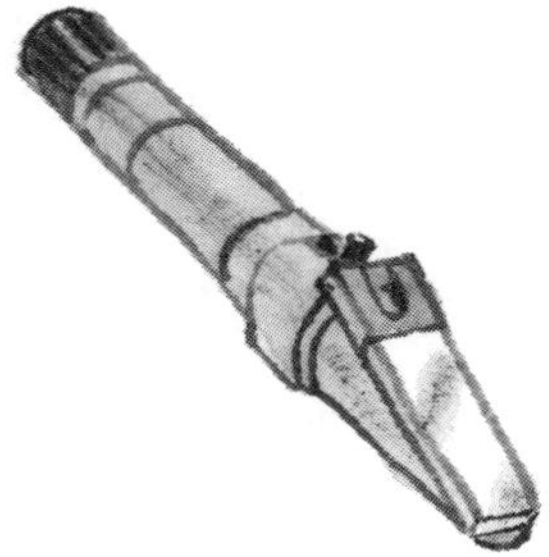

種物の汁は〇・八から一・〇BXパーセントで、玉子とじは一BXパーセント以上のものが美味しいことになりました。

詳しくは拙著『麺類杜氏職必携』をご覧ください。

鰹節を作るときに、鰹を煮続けた煮汁をさらに煮詰めて、グラースのようにしたものを「煎《ぜん》じ」と呼びますが、これは鰹節の出汁を煮詰めたものではないので、少し味が違うようです。

しかし、「煮方の善悪は出汁の技なれば、まず出汁の善悪を吟味して用うべきや。さるによって、料理のはじめに出汁を吟味して煎じ置くなり」と、一六七四年の『江戸料理集』という本に書かれております。

この「出汁を引く」という技術は大変むずか

しく、同じ原料の鰹節を、同じ分量、同じ水量に入れて出汁を引かせますと、引く人によって、出る出汁の濃度が二倍以上差がつきます。「火加減」と「返り加減」のせいですが、火加減はきれいに「返る」くらいということになっており、「鰹節がお湯の中で、塊にならず、同じ速度できれいに輪を描いてくるくる回っている」ことを「返る」といいます。

釜の中心から周囲に沸騰するのでなく、釜の手前から、釜の表面一杯を使って、鰹節が一片、一片泳ぎ渡っては沈み、反対側から浮き上がり、また、反対側まで今度は表面を泳ぎきり、また底に沈むという動作です。

釜の蓋《ふた》は三分の二ほど閉めて、そしてきれいに返るのが本当の火加減です。

四一、なぜ「煮物」に出汁を使うのか

なぜ「煮方の善悪が出汁による」のかといえば、それは、「煮る対象物」の旨味《うまみ》を、流出させずに、そのものの中に留めたまま、味を染み込ませるためといえましょう。

ふつう、ものを水に入れ、火にかけ、煮沸《しゃふつ》していると、そのものに含まれる水溶性物質はお湯のほうへ流れ出てしまいます。

煮出した湯を飲むのでしたら、それはスープで、煮物ではありません。ステーキを焼くときに、最初は強火で表面を大至急焼くのも、中の肉汁が流れ去るのを防ぎ、肉の中に留めておくためです。

そうかといって、煮物ですと、沸騰したお湯の中に入れても、お湯は一〇〇度以上にはなりませんから、やっぱり流出します。関西風の薄い出汁では、中身のエキスがスープのほうに流れ出しているので、煮汁ごと食べなくては美味しくないのです。

それを防ぐためには、「中の旨味《うまみ》の成分が流出するのは、『浸透圧』によるものである」から、たとえば、魚に含まれる水溶性成分の濃度と同じ濃度に「煮るお湯」の中に何かを溶かし込んでおけば、煮沸《しゃふつ》している間に「煮え」ても、魚の中の旨味《うまみ》は魚の中にあるままで加熱され、煮上がるという理屈になるわけです。

この外側のお湯に、塩や醬油をたくさん入れると、こんどは、外側のほうが濃くなるから、中の魚の身に、そうした味が染み込んで、「お料理」になるのです。

醬油や塩水では、塩味が濃くなり過ぎるので、そこで煮物のお湯に出汁を使うのです。日本では、出汁というと鰹節と昆布くらいのものですから、魚類には鰹節を使い、野菜には昆布を使うことになりますが、波多野承五郎さんは『食味の真髄を探る』の中で、昆布出汁だけでは薄いので、関西でも、野菜を煮るときにも鰹節を使うと述べておられます。

そして、この「鰹節の出汁」は、魚を煮るときに使いますので、鯛でも、かれいでも、何にでも入れます。ですから、「出汁の引き方」は、『蕎麦全書』には「鰹節の味はひなきまで煎じ出すべし」とあるように、鰹節の味も、燻臭もない出汁でないと、鯛を煮たのに鰹節の味がしてしまいます。

醤油を主体の味つけで、やたらに色が濃くなったり、くどくなるのは、出汁を使わないからです。お酒と醤油、味醂が江戸料理の味の基本になっていますが、もう一つ、鰹節の濃い出汁で煮てから味をつけると、もっと本格的な江戸料理になります。

本格的に取った出汁の味は、早くいうと「何の味もせず、舌に重く感じられる液体」といったところです。ですから、ほかのものの味の邪魔にはなりません。

四二、なぜ 煮物でない「そば汁」に出汁を使うのか

「出汁は煮物に使う」というのに、ものを煮ない「そば汁《つゆ》」に出汁をたくさん使う理由は、出汁にもう一つ、重要な効用があるからです。

結論からいえば、出汁には、何の味もしないけれど、「塩味をなだめる」、「塩馴れ」の効果があるので、出汁が濃ければ濃いほど、醤油をたくさん入れても塩辛くならないのです。

海水には三パーセントの塩分が含まれています。それに対し、醤油は一七パーセントの塩分です。ところが、両方をフッと口に含んでみると、海水のほうが「塩っ辛い！」という感じがするはずです。

これは、醤油には、たくさんのアミノ酸が含まれていて、これが塩の味をなだめているからです。「塩の味」が感じられることを「塩が立つ」と申します。お料理は、やはり少しは塩が立った味でないと美味しくありません。

もしも「塩分控えめ」にされたいのであれば、塩気が立つように、出汁気を控えたほうが良いでしょう。

まして、この「塩馴れ」の力は、出汁の成分の中の「イノシン酸」が大変強く、ほかのグルタミン酸を含むアミノ酸には少ないのです。

そして、このイノシン酸は、日本の出汁の原料では、鰹節にしかなく、昆布にはありません。ですから、昆布だけでは薄い出汁になるのです。

そば屋のそば汁《つゆ》は、大変濃い、鰹節の出汁を使います。そこへ、これも塩馴れ食品である醤油を混ぜるのですから、濃くなります。

なぜ、そんなに濃くするかといえば、「そばの下のほうに少しだけつけて食べる汁《つゆ》」を作る必要があるからです。

水っぽい汁《つゆ》では、そばの肌にしがみついてくれません。そうかといって、飴のように甘いのでは、そばに合いません。汁《つゆ》だけなめると「辛い（塩）！」ような感じですが、それでも醤油直接よりは辛くなく、しかも、「そばにからんでくれる」汁《つゆ》にしたいのです。

ですから、藪《やぶ》の出汁が一番濃くなります。だいたい、出汁のブリックス（濃度）は二・

五パーセントです。更科《さらしな》や砂場は二パーセントかそれを少し上回るくらいです。

なぜ、出汁の濃度が違うかというと、更科《さらしな》や砂場は材料を節約しているわけでなく、出汁が濃すぎると、更科《さらしな》や砂場のそばに合った汁《つゆ》を作ろうとすると、「出汁が入っているのがわかる」からで、そばの汁《つゆ》は、そのそばに合わせて作られており、その汁《つゆ》の味は、「醤油が入っていて醤油が入っているとわかっちゃいけない。砂糖が入っていて砂糖が入っているとわかっちゃいけない。味醂が利《き》いていて、味醂が利《き》いているとわかっちゃいけない。鰹節が入っていて、鰹節が入っているとわかっちゃいけない。出汁が利《き》いていて出汁が利《き》いているとわかっちゃいけない」

のであって、どの味も突出しないで、早くいえば何の味もしない汁《つゆ》につければ、「そばの味」だけがわかるという仕組みです。

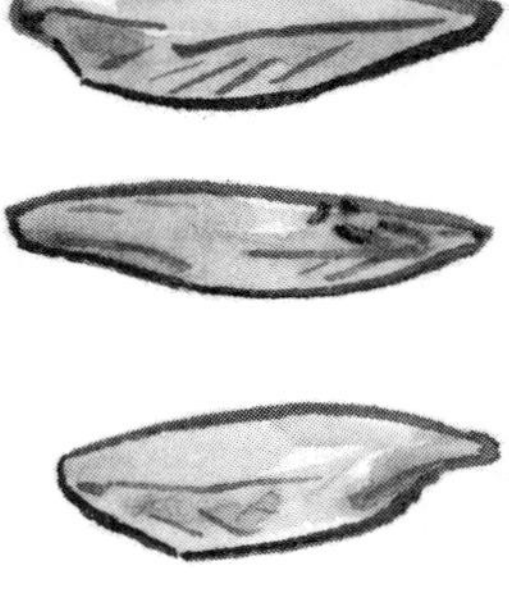

四三、どんな「そば」と「汁」のときに下のほうにチョコッとつけて食べるのか

こうした汁《つゆ》の仕組みがわかれば、世にいわれる「そばは下のほうに少しだけ汁《つゆ》をつけてすすり込む」ためには、どんなそばでなければいけないかが明らかになるでしょう。まず、汁《つゆ》は「そばにからみつく」ような濃度でなければいけません。またそばのほうも汁《つゆ》にからみつかれて負けてしまうようではいけません。

「すすりこむ」のですから、歯切れが良く、喉に飛びこんで入ってくれるようなそばでなければいけません。すると、太さは一・四ミリ以下の細いそばでなければなりません。そばがみずみずしいのですから、汁《つゆ》は水に負けないでからみつく濃度でなければいけません。

茹でたてのそばで、表面が水におおわれていますから、そばの味が濃くなければなりません。すると「引きぐるみ」のそば粉で、少なくとも、「二八《にはち》」である必要があります。水を切って、遠くに運ぶことは考えないそばです。

濃いそば汁《つゆ》というと、一番濃いものは、「出汁一対返し〇・八」とほとんど「返し」を二倍に薄めたくらいの汁《つゆ》になります。

「返し」というのは、そば屋用語で、醤油と砂糖を一定割合で混合し、寝かせておいたものです。出汁が濃くなると、ひとりでに砂糖は少なくなります。

出汁も「甘くする」働きがありますし、砂糖は当然甘くなります。ふつうのそば屋の返しの中の砂糖の量が、標準店で醤油一八リットルあたり、上白四キロなのに対し、こうした濃い出汁のところでは、砂糖は二キロ以下になります。

こんな汁《つゆ》のときに、そばを汁《つゆ》の中にどっぷりとつけ、かき回して食べると、そばは佃煮になってしまいます。

なめてみて、ふつうに感じられる汁《つゆ》でしたら、かき回して、汁《つゆ》の味をたっぷりと味わってください。そばのほうもそれに合わせたようになっているはずです。

昔、浅草のそば好き仲間が「藪《やぶ》（並木）の汁《つゆ》で蓮玉庵のそばを食べてみよう」とたくらんで、入れ物を用意し、まず藪《やぶ》へ行って、汁《つゆ》を入れものに移し（藪《やぶ》のそばの量でしたら汁《つゆ》なしでも食べられます。これは悪口ではありません。本当に美味しいそばならば十分に汁《つゆ》なしで食べられます）、蓮玉庵に行ってその汁《つゆ》で蓮玉庵のそばを食べたがちっとも美味しくなく、「そばと汁《つゆ》との相性の厳しさがわかった」と、浅草、奥山の美家古寿司の旦那の内田栄一さんが、その著書『随筆　浅草はるあき』（新しい芸能研究室刊）の中で述べられています。

そばと汁《つゆ》の相性には、だいたいのパターンがあります。

一、そば粉の含有量が多いほど、汁《つゆ》は濃く、当たりはきつく
二、小麦粉が増えるにつれて、薄く、おだやかに
三、そばの色が濃いほど当たりはきつく、白いほどおだやかに
四、そばが細いほど汁《つゆ》は濃く、太くなるほど薄く
五、揚げ出しはきつく、出前はおだやかに

というもので、きついというのは厳しい味ともいえます。

生そばの、細打ちの、揚げ出しのそばは、汁《つゆ》が一番厳しくなり、そういう汁《つゆ》でしたら、そばの下のほうにチョコッとつけて、そばもみずみずしいから、唇にひっかからずに、一気にすすりこめ、最初にそばの味がして、後から汁《つゆ》の味が飛びこんでくるのです。

そのときに、「腰があっては」喉につかえます。

「更科《さらしな》そば」の汁《つゆ》は、ふつうのそば屋のもり汁に比べるとかなり濃いことに気づかれる

●そばと汁

そばと汁には相性がある。生そばの細打ちの、揚げ出しのそばなら、汁も厳しい。そこで、そばの下のほうにチョコッと汁をつけたほうが美味しくメシャガることができる。しかし、なめて、ふつうに感じられる汁のそばなら、そばにたっぷり汁をつけてメシャガルほうが美味しい。

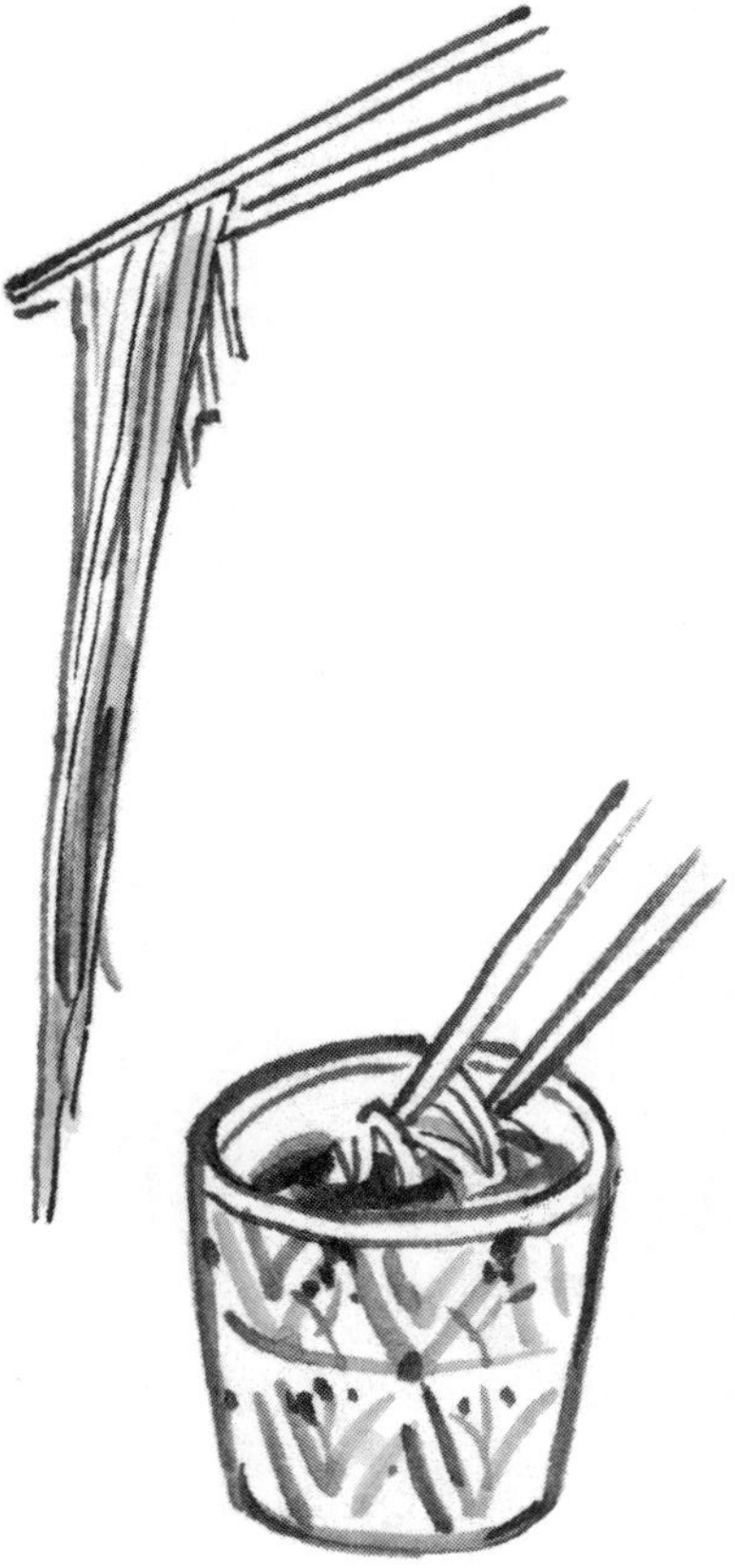

でしょう。ですからお客様は「辛い」といわれます。しかし、これは「辛い」のではなく「濃い」のです。まず、第一項の「そば粉の含有量」が八割だからです。砂糖、味醂がたくさん入っているし、返しは「本返し」なので、あたりはきつくないはずです。ですから「藪《やぶ》は辛く、更科《さらしな》は甘い」といわれるのです。

そして、そばが細いのですから、汁《つゆ》は濃くなければなりません。

出前が主体ですから、おだやかな味に仕上げます。といっても、お客様は「辛い」といわれます。本当は、江戸料理は「辛い」のではなく、「甘い」のです。

これも皆「色が真っ黒で」（であるから）「辛い」という関西の宣伝による先入観念でしょう。関西では出汁も味醂も使わないで醤油だけ入れるのでしょうか。味が濃いものも辛いといい、品がないように軽蔑します。

しかし、江戸は、三〇〇年にわたって天下の富を消費して、時代の文化をリードしてきました。それが、御維新のときに、それまで貧乏であった京都のお公家様と、浅黄裏《あさぎうら》（田舎者のこと）の書生政治家が天下をとり、江戸の伝統を破壊することで新しい時代を作り直しました。

ですから、波多野承五郎さんによりますと、「江戸伝統の茶懐石料理」は、この明治維新のときに、「書生料理」になり、量が増えたと嘆かれております。なにしろ、『江戸自慢』の著者も「酒、味醂仕立てゆえ菓子のごとく甘く、酒の肴になりがたし」と書かれておりますが、それでも、同じ味であるそば汁《つゆ》は大変美味しく、「硬い江戸そば」ではなく、和歌山のそばをこの汁《つゆ》で食べたいともいっております。「江戸の味」は、明治維新のときと、第二次世界大戦の二回のショックで、江戸っ子が根絶やしにされてから消滅し、残ったのはそば汁《つゆ》と鰻のタレだけになりましたが、鰻のタレには鰹節の出汁は使われておりません。天ぷらの天つゆは完全に関西風になりました。

四四、なぜ「江戸のそば汁」の色は濃いか

江戸では、出汁の材料にあまり昆布を使いません。「江戸前のそば汁《つゆ》」の出汁の材料は、ほとんどが鰹節の単品です。

その理由は大変単純で、早くいえば、醤油をたくさん使えば、昆布の入り込む余地が

ないからです。なぜかといえば、昆布の旨味《うまみ》はグルタミン酸であり、醤油にも、昆布の五倍以上のグルタミン酸が含まれているからです。それに、昆布が入ると汁の傷みが早いのです。

関西のように、昆布のほうが醤油より先に使われていた地域では、逆にグルタミン酸調味料である醤油はあまり必要とされません。

昆布は、全体的に出汁気が少ないので、イノシン酸も少ない分量でバランスが取れ、ひとりでに「塩なれ」の力が弱く、薄い塩気でも塩が立って感じられますので、全体が薄い色になります。

まして、関西では「淡口《うすくち》醤油」を使います。これは、「うすくち」といっても、塩分は濃口醤油が一七パーセントであるのに対し、二〇パーセントと多く含まれています。薄いのは、色と旨味《うまみ》成分です。ですから塩が立ち、よけい少なく使え、仕上がりの色は関東に比べてぐっと淡くなります。

ところが、実は、汁の中に含まれている塩分はそう変わりがないのです。

関西では、だいたい、この淡口醤油を一〇倍に延ばしてうどんの「おだし」にしています。単純に考えると、汁の塩分は二パーセントです。

●淡口醤油と濃口醤油

淡口醤油が薄いのは色と旨味成分。塩分は、濃口醤油が一七パーセントであるのに対し、淡口醤油は二〇パーセントと多め。「塩分を控える」には、減塩食品をたくさん食べるより、美味しく味つけされているものを少しメシャガることだ。

関東では、塩分一七パーセントの醤油を八倍に延ばしたものが種物用の汁であるといえます。すると、二・一パーセントです。

関西では汁は全部飲んでしまいます。関東では残します。

人間が食べる料理に含まれる塩分は、だいたい、「摂取量」に比例しているようです。そばの汁《つゆ》の中でも一番塩分の含有量が多いと思われる、そばの下のほうにチョコッとつけて食べる汁《つゆ》は、そのかわりといっては変ですが、徳利には入っている量は、薄い汁《つゆ》のそば屋の半分以下です。

「塩分を控えめに」されたい方は、「減塩食品」をたくさん食べるより、美味しく味つけされているものを、少しメシャガることです。

昔のことわざに「三杯汁は馬鹿のうち」というのがあります。昔から大食いは軽蔑されますが、塩分の摂り過ぎをいましめているのかもしれません。

塩は塩単体で食べるほうが、塩味は少ない分量でしっかりと感じられます。それでも、お料理というものは、その塩気を感じさせないようにするもので、人間にとって必要な塩化ナトリウムを無理なく摂取させるようにしているのです。

あまり塩分を控え、野菜ばかり食べると、カリウムとのバランスが崩れ、ボケてしまいます。日本人は昔は草食動物だったのが、最近では肉食動物になったので、このような食事指導になったのでしょうが、「サラリー」の語源は塩のことであり、上杉謙信も武田に塩を送り、『水滸伝』の英雄たちは塩の密売人であったほど大切なものです。

四五、なぜ「そば汁」は「タレ」と呼ばないか

「そば汁」は、このような字を書いても、ふつうは「そばじる」とは呼ばず、「ソバッユ」と呼びます。そして、これを「タレ」とは決して呼びません。

ソバツユには、「もりじる」と「たねじる」とがあり、「もり汁」のことを「辛汁《からじる》」、「種汁」のことを「甘汁《あまじる》」とも呼びます。そしてたんに「つゆ」と総称します。ときにはこれを「下地《したじ》」ともいいます。この「したじ」という言葉は、「おしたじ」といって、家庭でも醤油のことを指しました。

「タレ」という言葉は、「澄んでいて濃い、醤油と甘味のミックス」を指し、「つゆ」は、それを出汁で延ばして薄くしたもので「すまし」とも呼びます。

「汁」となると、ふつうは「澄んでいないもの」で、「味噌汁」、「けんちん汁」など、味噌や具が入っているものを指します。

しかし、関西では、それほど厳密には区別していません。

東京と違う点は、関西では「おだし」というと塩味がついているもののことで、東京の出汁は「白だし」と呼ばれます。ですから「美味しいおだし」というと、東京では「美味しいつゆ」のことになるのです。

そば汁《つゆ》を「タレ」と呼ぶのは、色が濃く、中身が濃いと思うからでしょうが、そば汁《つゆ》は鰻のタレや焼き鳥のタレと違い、出汁が入っているのです。また、寿司屋で使うアナゴ付け汁はタレではなく「詰め」といいますが、これは、アナゴの煮汁も入り、それを煮詰めるからでしょう。

四六、「かつおぶし」は全部「鰹」でできているのか

関東では「かつおぶし」を使い、関西でも、一口にいえば「かつおぶし」のおだしを

使っています。ところが、この「かつおぶし」という言葉も「そば」と同じで、「中華そば」的な「かつおぶし」もあるのです。

素人さんには、魚の燻製が薄く削られているものを見れば「かつおぶし」と思われるはずです。しかし、パックの表示をよく読むと、「かつおぶし削り節」「かつお削り節」「さば削り節」などがあるのに気づかれるでしょう。

「かつお削り節」と「さば削り節」でしたら判断はつくでしょう。ところが「かつおぶし削り節」と「かつお削り節」との差となると、わかっておられる方は少ないでしょう。

さらには「本ぶし削り節」というのもあるはずです。

「本ぶし」というからには「贋《にせ》ぶし」もあることになります。これはどういうことかといえば、「本ぶし」というのは「真鰹」から作られており、そのほかにも「宗田鰹」で作られたものも鰹がつきますから「かつおぶし」なのです。また「スマカツオ」という鰹もあり、これもめったにありませんが、節に加工されます。

「さばぶし」は、ほとんどが「ゴマ鯖」から作られ、真鯖ではこしらえられません。しかし、これも「かつおぶし」と呼ばれてしまいます。

「かつおぶし削り節」と「かつお削り節」の違いは、「カビ付け」の回数の差です。これにも「本枯れ節」というカビの付け方があり、そば屋ではこの本枯れ節を使っています。これは、「さばぶし」にもあります。

このカビ付けされた「かつおぶし」や「さばぶし」は東京で好まれ、関西ではカビを付けないものを好みます。これを東京では「荒節」と呼びます。「かつお削り節」の原料です。鰹節類の品種、名称は専門店でも混乱してしまうほどです。細かくは、拙著『だしの本』をご覧ください。

鰹節に「カビを生やされる」というと、現在では不潔なように考えられるかもしれません。しかし、カビの中にも有用なものもあり、仲間の「菌類」には酵母もあり、麹菌《こうじ》やら酵素やらと、こうしたものを利用した食品や薬品は数多くあります。

まして、日本は、高温多湿と、こうした微生物が繁殖するのに大変適しています。この鰹節に付く草色をした良いカビは、「アオカビ」とも呼ばれますが、「麹黴属《こうじかび》」の「アスペルギルス・グローカス」と呼ばれる種類で、同じ名前の中にも性質が少しずつ違うものがあるのは、インフルエンザや肝炎にいろいろな症状があるのと同様で、味、香り、色に影響しますので、良いカビは大切にされ、これを管理する会社があるくらいです。

鰹節よりも、醤油や酒は、もっと影響が大きいので、大手の会社になりますと、細菌研究所並の管理をして、そのブランドの色調、香り、味が毎年変わらぬように、不純な酵母ができないように、純粋培養をしています。

これが、昔、地酒がその地方、その蔵により色や酸味、味が違っていた原因で、蔵癖により、ひとりでに銘柄の特徴が現われていたのです。

しかし、聞くところでは、小さな酒蔵では、毎年味が変わるのを防ぐために、麹《こうじ》を他所から購入しているとのことで、これが地酒がどこも同じ味になった原因でしょう。

私ども古いそば屋では、醤油はナショナル・ブランドものを使いますが、これは、地物は味や色が変わることがあるので、汁《つゆ》の味を変えかねませんから、使用を避けてきたのです。酒も灘を使っているのも、同じ安定感を求めたためでしょう。

鰹節削り器

四七、なぜ「日本酒」は燗されたのか

またまた余談になりますが、昔は日本酒というものは必ず燗《かん》して飲むもので、ヒヤでやるのは、よほどの飲ン兵衛か、せっかちときまっていました。というのは、酒をヒヤでかぶとで決めようものなら（これは「かぶと鉢」といって、武者がかぶる兜くらいに大きい容器です）、必ず「アタピン」（頭がピンピンと痛むこと）になるからです。

私などは、世の中に「冷酒」なるものが登場してすぐは、気味が悪くて飲む気がしませんでした。

なぜ、お燗したかというと、『広辞苑』で「フーゼル油」というところをひくと、「アルコール発酵の際に生ずるエチルアルコールよりも沸点の高い種々の高級アルコールの混合物。飲酒後の頭痛・眩暈《めまい》の原因となる」と、書いてあります。

幸いにして、エチルアルコールよりも沸点が高いので、一寸湯煎してやれば飛んでいってくれるから、お燗するわけです。どのくらいの温度で揮発するかは知りませんが、昔から「人肌」といいますから、ここまで温めれば大丈夫なのでしょう。「熱燗」好きは、きっとエチルアルコールのにおいが鼻にツンとするのが好きなのと、アルコール気を少なくして、たくさん飲んでも酔わないようにというほうの飲ン兵衛なのでしょう。冷酒が燗冷ましでないとすれば、発酵後、このフーゼル油を何かの方法で除去したものなのでしょう。

葡萄酒でも、赤はお燗することがあります。

四八、カビの国「日本」

「鰹節削り節」と「本枯れ節」の違いは、「鰹節削り節」のほうの鰹節が二回ないし三回カビ付けされるのに対し、本枯れ節のほうは五回以上カビが付けられます。そして、そのたびに、付くカビの品種が少しずつ違うのです。

関西では「カビが付く」ことを嫌います。「カビくさくなる」からです。ところが、こういうカビの色は黄色です。「鰹節削り節」のカビは緑色です。そして、本枯れ節のカビは、「かつおぶし飴」のように、白茶色の乾燥した粉です。

黄色いカビが付くと、それは腐る寸前です。緑色のカビですと、拭き取ると落ちます。なぜ、カビを付けるかというと、鰹節の表面に付いたカビが、鰹節の中心部の水分まで吸い上げ、芯から乾燥させるのです。

そして、あまり乾きすぎると、それまで生えていたカビは自分の生活環境に合わなくなり、違ったカビに席を譲るのです。

鰹節が生の状態で、水分が多すぎると、今度は緑色のカビが生活しにくく、かわりに黄色いカビが生え、どんどん蛋白質を消化していって、腐らせてしまうのです。

生の魚を放置しておくと、腐るより前に味がなくなってしまいます。

これは、魚の筋肉の中に含まれる酵素が「自己消化」し、旨味《うまみ》成分であるイノシン酸を味のないイノシンに変化させてしまうからで、これを止めるために、まず熱を加えて酵素を殺すのです。

塩に漬けても酵素の働きは抑えられます。「荒巻」などがそれですが、塩が甘いと自己消化は進み、旨味《うまみ》がなくなります。それですから、冷凍にするのですが、解凍したとたんにまた自己消化が始まりますので、早く食べてしまうか、さらに塩を振る必要があります。一度消化されてしまったイノシン酸はもうもとにもどりません。
こうした原料の善し悪しは、缶詰工場などでは大切ですから、その原料の魚の鮮度を表わす基準を作りました。これは、新鮮な魚に含まれるイノシン酸の量を、破壊されてイノシンに変化してしまった分量と対比して、それをパーセントで表わしたもので、「K値」と呼びます。

魚が死んだ直後は約五パーセント、生で食べられるのが約二〇パーセント、鮮魚として通用するのが約四、五〇パーセント、それを過ぎると初鰹も「酔う」ようになります。拙著『だしの本』をご参照ください。

ですから、鰹節の原料の鰹も新鮮なうちに煮てしまって、すぐにカビを付けさせ、水分をなくしておけば、旨味《うまみ》成分は安定するのです。

ところが、少し古くなった鰹を原料にした鰹節は、大切なイノシン酸がゼロという事態もあります。それでなくとも、少しでも水分が多いと、進みは遅いものの、製品になってからも分解は進行しています。

こうした現象は鰹節に限らず、加熱したそば汁《つゆ》でも、作ってから四日もたつと、味が辛くなってしまいます。これは、空気中に含まれている酵素が落ちてきて、汁《つゆ》の中に入り、汁《つゆ》の中の甘くする成分であるイノシン酸を分解してしまうからです。

こうした落下酵素は、空気中にもありますが、そうしたものをしまう蔵の中には常時大量に棲み着いています。そば屋は、醤油に砂糖を加えた「返し」というものを、いつも連続して保管しており、そこを「返し蔵」と呼んでいます。

すると、そこにも蔵癖があるのです。返しを作り、保管を始め、四、五日寝かせてから使いだすのですが、その理由は、「美味しくなるから」なのです。

これは、そば屋はそれも二〇〇年以上、先祖代々、理由は考えずにやっていたことですが、これを科学的に解明していただこうとたくらんで仕掛け、その結果二、三の学者さんに取り組んでいただくことができ、その結果は柴田書店の『そば・うどん』の第三号で正田醤油株式会社の本川保之さんが、一八号で菊地修平さんが発表されております。

菊地さんのほうには、できて、寝かせてから四、五日たったところで、乳酸が増加していることを測定されており、これはもとは天井から落ちてきたのかもしれません。

古いそば屋の汁《つゆ》の味が微妙に違うのも、この蔵癖のせいかもしれません。

日本の伝統食品には、こうした、酵母、酵素、麹菌《こうじ》といったカビの仲間を利用する食品が多く見られます。世界的にいっても、チーズもカビがびっしり付いているものもあります。魚醤《ぎょしょう》も各地の伝統の味です。

こうした伝統の発酵食品を食べ続けている民族は、その食品が手に入らないと、情緒不安になるようです。

幕末、日本からアメリカに渡った咸臨丸の一行は、醤油を持参し、鰹節、沢庵を大切にし、あまり時間がかかったので、醤油がなくなって心細くなったところが、オランダ渡りの醤油にめぐりあって、ほっとした様子が日記に書かれております。

日本人が日本酒を忘れそうになっているのは、もしかして、各地の地酒の蔵癖がなくなったせいかもしれません。

四九、なぜ「そば汁」は「八方汁」と呼ばれるのか

そば汁《つゆ》は「八方汁」とも呼ばれます。これは、「いろいろな方法に使える」からで、早くいえば、江戸料理の味は、このそば汁《つゆ》が濃いか、薄いかの差であるからです。

その材料は、鰹節の出汁と、濃口醤油と、砂糖と味醂です。そして、醤油と砂糖、味醂は、あらかじめ「返し」という格好で混合されていますので、むしろ「返し」が八方汁かもしれません。

これは、十八世紀に、江戸前の高級料理店であった「八百善」の味の秘密は、鰹節と醤油と氷砂糖であるとささやかれた頃からの伝統で、それが『江戸自慢』の頃には、「料理は至極手際にて、包丁の利たること感ずるに余りあり、塩梅は、砂糖、味醂、酒仕立故、菓子のごとく甘く酒の肴になりがたし」と嘆かれ、『守貞漫稿』にも「今は味醂あいは砂糖の味を加えざるを好ます」と書きながら、関西育ちらしく「物の味を損する」と批判しています。

そのくせ、この関西生まれで三十歳から江戸に来た文化人は、大阪に比べ、江戸の料理のほうが優れていると認めているのです。

しかし、偏見かもしれませんが、料理というものは、その発生は供応（もてなし）から形造られたもので、まず、供応する日時が決まり、人数が決まり、献立を決めて決済を仰いでからとりかかるもので、これは洋の東西を問わず、フランスの宮廷でも、日本においては、織田信長が徳川家康を供応するときに、魚が腐っていたと明智光秀が咎《とが》めを受けたという故事のように、材料は、決められた日時に、決められた数を用意し、それが傷まないようにするのが料理人の腕だったと思います。

ですから、日常の餉《け》と違ってハンドトゥマウス（その日暮らし）やヌーベルキュイジーヌ（新進料理）はあり得ず、多数の魚を、皆同じ味に仕上げるように、出汁を使い、香辛料を工夫し、その中で「ものの味」がわかるように工夫したのでしょう。

江戸料理は、『江戸自慢』によると、「大名寄りたる土地なれば、上品の調味おのずから下へ推移しにや有らん」と、大名料理が甘かったことを、三次家で織田信長を供応したときを例に引いて推測しております。

この「返し」の作り方は、簡単で、砂糖を水を加えながら熱で溶かして飴状にし、そこへ醤油を入れてよく混ぜたものか、砂糖と醤油を混ぜてから、さらに醤油ごと煮返したものですから、「返し」または「煮返し」と呼ばれました。

そして、この「返し」を出汁で二倍、三倍……八倍と延ばして、タレからそば汁《つゆ》、煮物汁、吸い物出汁にまで使用するので「八方汁」なのです。

五〇、なぜ 海で採れる昆布に「山出し」があるのか

東京人は、昆布のことをよく知りません。そのせいか、スーパーへ行っても表示は「出し昆布」とか「煮物昆布」であり、たまに「羅臼《らうす》」などというものもあります。ところが、河岸の昆布問屋に行きますと、さまざまな昆布があるのがわかります。なかには海で採れるはずの昆布の袋に「山出し」と書いてあるものがあります。「山出し」という言葉は、最近は使われなくなりましたが、昔は山から切り倒されてぶっころがされたような、素朴な、何にも知らない人間のことを「山出し」と呼びました。

昆布のほうは、聞いたところでは、昔は今日のように全北海道の海から採れるのではなく、函館周辺のみであり、その函館の東方の山を越えた浜が白口浜と呼ばれ、そこで採れる昆布が最も良かったので、山越えしてきたものということで「山出し」になったのだそうです。

この函館からは、昭和四十三年に、南北朝時代の銅銭が五〇万枚も出土して話題になりましたが、この地にあった城がアイヌの英雄コシャマインに攻められて落城した折のもので、吉野朝の戦費が昆布によって調達されていたのだろうと推測されました。

昆布の種類だけは、拙著『だしの本』に並べております。

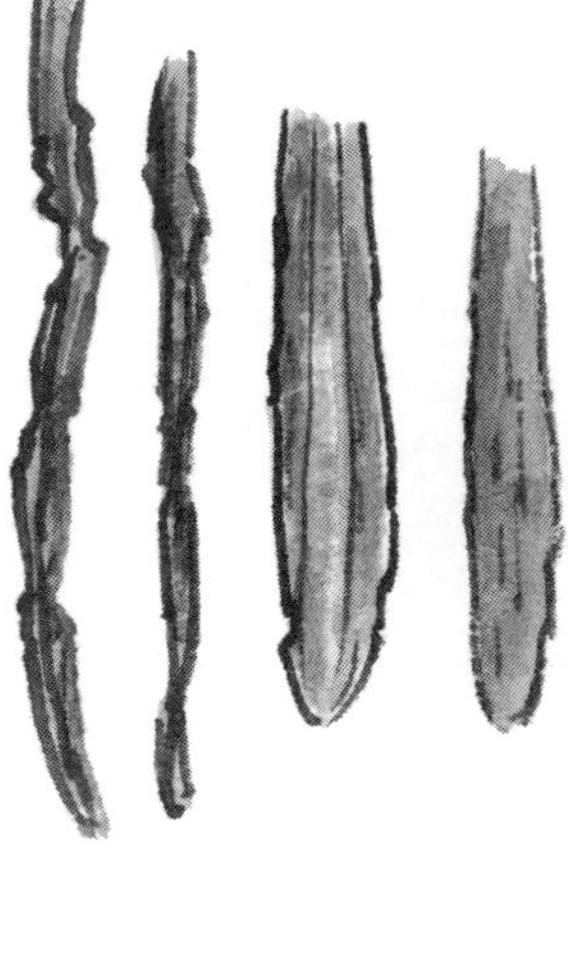

五一、なぜ「大晦日」にそばを食べるのか

――毎年の事に聞かれる晦日そば　　　如庵

毎年、十二月になりますと、必ずといってよいほど、マスコミの方から「晦日そば」の由来に関するお問い合わせがあります。

大晦日にそばを食べる習慣は、七〇〇年ほど前に、博多で中国の貿易商人が、「承天寺」というお寺で「世なおしそば」と称して「そばがき」をふるまったところ、翌年から運がよくなったので、大晦日に「運そば」を食べる習わしが生じた、と、新島繁著『蕎麦史考』に書かれておりますが、その「そばがき」が「そば切り」になったのは、同じ本によりますと、早くても天正年間（一五〇〇年の末）ということなので、最初は「そばがき」であったはずですから、年越しそばを食べると寿命が延びるという説はあとからのことと思われます。

そばがそばの形になってからは、「鶴々亀々」などという縁起も出ますし、とにかく、

昔は縁起担ぎが多かったので、すぐにそういう話に飛びついたのでしょう。

逆にいえば、それだけ世の中が厳しかったせいであるともいえます。

私が一番もっともらしいと思っている「晦日そば」の縁起担ぎは、「金が切れない」、「金が集まる」という、商人にとっては最高の願望を満たしてくれるということで、毎月晦日に食べたという説です。

これは、昔、金箔作りの職人が、金を木槌で叩いて、薄く、薄く延ばしていくときに、その台にそば粉を刷り込んでおくと、よく滑り、また木地の目や硬い塵も隠してくれるので、「金がよく延びる」のだそうで、「金の切れ目が縁の切れ目」が防げるのです。

さらに、その金箔から「金粉」を作り、それを集めるのにもそば粉と一緒に集めると、風で飛びにくく、篩《ふる》い分けも簡単であるところから、「金が集まる」のです。

だいたい、江戸時代には、日常の買い物もほとんどが「ツケ」で、その支払いは晦日か、大晦日に決まっていました。

特に大晦日は、一年の締めくくりですから、商人は必死になって「掛取り」に歩きました。払うほうも、まとまっていますから大変で、落語に「いいわけ屋」の話もあります。

——おおみそかいじかりまたのたのもしさ　柳多留　一三・三七

——おおみそかここを仕切ってこう攻めて　柳多留　三・一三

——餅はつくこれから嘘をつくばかり　柳多留　一・三六

「いじかりまた（股）」というのは、集金が多く、小判や銀貨、銅銭でお腹にくくりつけた胴巻きがずっしりと重く、股のほうにまでぶら下がり、がに股で歩いていることで、お相撲さんの仕切り前の姿です。次の句は、軍談風に、作戦をたてて、攻めと守りを思案しているところです。最後のものは説明不要でしょう。

ですから、大晦日にめでたく年越しそばが食べられれば、良い年であったことで、来年もまた、このような年でありますようにという思いでそばを食べるのです。

思うように集金がいかないと、元旦の朝になっても、まだ夜は明けておりませんと、ちょうちんを下げてねばったそうです。

そば屋のほうでも、初詣客の多い神社仏閣の門前で店を出していますと、大晦日に、除夜の鐘が鳴る前に、店のあんどんを消し、しんばり棒を戸口にかって、出て行くお客だけはいちいち出し、入ってくるお客は入れないように番をしていないと、除夜の鐘が鳴り終わったとたんに、こんどは初詣帰りのお客がつめかけ、正月がなくなってしまうという心配がありました。

出前を歩いてしていた頃には、最後ははだしで飛び回るので、大晦日がすむと、足の裏が脹れて歩けなかったそうです。

出前でなく、お土産のそばを売れる店では、あらかじめ、五つ入り、一〇入りのお土産を大量にこしらえておくと、お客様が車で乗りつけ、お一人で、一〇〇人前、二〇〇人前と買っていかれるので、大晦日一日だけで、ある店では二万食以上の売上があります。だいたい、大晦日一日の売上は、平常の一〇倍と相場が決まっております。

最近では、「生《なま》そば」を売ったりしておりますので、ますますはかが行く(量が増える)でしょうが、お客様がご自分で上手に茹でられるかどうか心配です。下手に茹でると、そばは美味しくありません。自分のところの商品を最高の味でメシャがっていただくのが、評判を落とさない秘訣ですから、中間製品では売りたくありません。

ですから、更科《さらしな》では、完全に茹でて、水を切ったそばを「目籠詰《めかご》め」「折詰」で売っておりましたので、看板にもそう明記してあります。

ふだん店売りばかりしているところでは、そば汁《つゆ》がそれに合わせてありますから、お土産には向かないでしょう。

しかし、大晦日の「晦日そば」は、除夜の鐘を聞きながら食べるのが本筋ですから、やはり、お土産でお持ち帰りになり、自宅で「もり」でメシャがることになります。

そば屋も、お寺さんが地獄、極楽でおどしたりすかしたりして参拝者を増やすように、「資金繰りに響きますゾ」と宣伝したほうが良いでしょうに。

五二、なぜ「引っ越し」をするとそばを配ったか

晦日そばは、本当は大晦日ばかりでなく、毎月晦日にも食べるものでしたが、いつのまにか十二月三十一日だけのことになりました。

毎月の晦日だけでなく、節分のときにも食べました。そば屋ももっと宣伝して、昔の習慣を引き起こし、売上を増やさなくてはいけません。

そのほかにも、ほとんど見られなくなった習慣に「引っ越しそば」があります。

これは、昭和四十年代にはまだ盛んで、会社などでも、引っ越しすると、ご近所に「そば券」などを配り、そば屋に実入りになりました。この頃にはまだ「プリペイド・カー

ド」は発行が自由だったので、私設の金券を作れました。

一般家庭では、最初は「両隣り」だけの二軒と手軽だったのですが、そのうち、「向こう三軒両隣り」と五軒配ることになりました。

理由は、一つ一六文という手軽な手土産だったのですが、そのうち「細く長いお付き

●細く長いお付き合いを願う
もともと、そばは大晦日だけでなく、毎月晦日に、また節分にも食べられていた。

引っ越しの際には、ご近所に「そば券」なるものが配られ「顔つなぎ」に一役かっていた。

合い」をお願いするんだと故事づけられました。これは江戸だけの習慣らしく、『蕎麦史考』によりますと、大阪では「付け木」が配られたそうです。「付け木」とは、木をごく薄く削り、先に少し硫黄を塗ったもので、火をつけるときの必需品です。

時代が進むと、そばは隣り近所には二つずつ、大家には五つとだんだん配る場所が多くなったようです。そばを配る行事で一番高くついたものは、江戸の吉原の「敷きぞめそば」のときで、これは新しい夜具を新調させられた旦那が、吉原中にもご祝儀でそばを配り、『蕎麦の事典』には、そのときのそばの代金が「三両二分」であったと書かれておりますが、「サンピン」と呼ばれた下級武士の年俸が三両であったのと比較すると、吉原門前の「福山」というそば屋の売上は大変なものだったでしょう。三両二分は、相場にもよりますが、一四貫、一万四〇〇〇文ですから、一つ一六文のそばとしても、八〇〇食以上です。

これは、庶民だけの習慣ではなく、皇室でも転居のときにはそばが供の衆に振舞われたと書いてありますから、そば屋の立場からは、現代でも、管理人さんや、お世話になりそうなお医者さんにも、引っ越しそばを持って顔つなぎをすることをおすすめします。

五三、なぜ「棟上そば」があったか

今でも、家を新築するときには、必ずといって良いほど「上棟式」をします。そして、たいてい一杯やります。

最近では、そのときの振舞いはお寿司屋や仕出屋に縄張りを荒らされておりますが、棟上のときには、縁起からいって、そばかうどんで一杯やるものだと『蕎麦史考』がそば屋の応援をしてくれております。

その理由は、そばかうどんを食べないと、壁が剥《は》がれ落ちるからだそうで、壁の下地に、「下げ縄」というものを、壁が剥《は》がれないように絡《から》げる（まきつける）のでそれを担いでいるのです。

——荒打ちの日には下縄でひっかける　　柳多留　　三二・三七

コンクリートになっても、タイルでも剥落《はくらく》は防がねばなりません。

五四、なぜ「お雛様」にそばを供えるか

昔は、お雛様は三月四日に仕舞うことに決まっていました。それは「五日の風に当てると、嫁入りが遅れる」ということになっていたからです。現在でしたら、結婚の必要がない人は、お雛様を飾りっぱなしにしておいても良いのです。

そのお雛様とのお別れに、そばをお供えする習慣は、

――樟脳に包んでおいてそばを食い　　明和・智・一

とあるように、一七六四年にはふつうのことだったようです。

これが三月四日であったという証拠は、

――雛様と受け状蕎麦でおったてる　　新編柳多留　二十九

で、この三月四日は「出替わり」の日ということで、昔の奉公人は、ふつうは一年契約で三月五日から、翌年の三月四日までということになっておりました。

——ひなの椀下女の叱られ納めなり　　柳多留　三・二八

そそっかしい下女は、それで契約解除ですが、気に入られ、本人もそれを望めば「長年《ちょうねん》」といって、さらに一年お勤めすることになります。

ヒマを出された人は、「口入宿」に帰ります。そうしないと、皆、住み込みですから、寝るところがなくなるのです。

五五、なぜ「口入宿」があったか

歌舞伎の番随院長兵衛さんは、「口入宿」の大親分です。

「口入宿」というのは、現在の人材派遣業で、武家屋敷をはじめ、商家の飯炊きまで派遣します。その理由は、当時は、現代のように、自分の家に住み、仕事先へ通うのは、職人か物売り、「通い番頭」にまで出世した人だけで、あとは皆、勤め先に住み込んで働くのが当然だったからです。

それと、最初は皆、在所（国もと）から江戸に稼ぎに来た人ばかりですので、自分の

「国者」を頼まれて雇う以外は、「流れ者」を使うことになるのです。

そうなれば、身元のはっきりした者でなければなりません。あやしい人間を使うと、お上が目を光らせます。「無宿人」は佃島へ送られます。

ですから、江戸で働く人間は、「身元引受人」と「パスポート」が必要になります。身元引受人が「口入宿」で、パスポートが「人別」です。


――乳母の名は請状のとき読むばかり　　柳多留　二・一五

勤めるときには、パスポートを提示します。「身元確認状」です。ふつう、「人別」は故郷のお寺が管理しています。「お過去帳」が原簿です。

口入宿もその人別を確認して、さらに、江戸にいる間の身元引受人になるのです。

それだけに、口入宿の親分は信用がなければなりませんし、派遣人の起こしたごたごたの責任も取らねばなりません。だから「親分」なのです。

関西にもあり、京都では「慶庵」と呼ばれました。それで、江戸でも慶庵（または桂庵）という言葉は使われ、私の子どもの頃には、男の職人は「やどや」から、女の使用人は「慶庵」から来ておりました。実際、うちにも乳母がついておりましたが、名前は「ばあやさん」としか知りません。江戸では、女性奉公人は相模女が多かったようですが、これは、「入り鉄砲に出女」で、箱根の関所が女性の出入りに喧《やかま》しかったから、関所を通らない地域から江戸に来やすかったからでしょう。

江戸川柳で「相模女」というと、「情熱的」ということになっておりました。

——兄弟は相模女にくらいこみ　　柳多留　三・一四

この「相模女」の名前は「大磯の虎」と「化粧坂《けはいざか》の少将」です。

五六、「やどやの親分」の仕事

そば屋でも、「はまり」と呼ばれる縁故奉公人以外の職人は「やどや」から派遣されました。

電話がない時代には、「この葉書着き次第長々手間のもの一名お遣わし下されたく候」などと墨で書かれた郵便葉書で依頼しました。

すると、やどやでは、職人を派遣します。その所属職人を「寄り子」といい、お得意の店とは常時契約しており、「月並《つきなみ》」という会費を取り、収入にしております。

店は、雇う人数に応じて払うわけで、昭和初期には、やどやは「寄り子千人」などと誇っておりましたが、三〇〇人から六〇〇人はいたようで、当時は、日本国内ばかりでなく、当時日本が影響を及ぼしていた、中国の東北や台湾にまで派遣していたそうです。

明治初期には、そば屋のやどやは一四軒あり、私のところでは「美男」という名称のやどやと付き合っておりました。

現在でもありますが、「美男」と名乗るのが恥ずかしいらしく「びなん調理士会」に名前が変わっております。

この名前の由来は、従来は現在の会長さんの曽祖父に当たる人が大痘痕《あばた》であったのを、その人のお上さんでこれも女親分の「お狐お萬」さんが、出入り先で「うちの美男が……」といっていたので「美男」になったとのことですが、現在の会長さんがその叔父さんに聞いたところでは、「あのおじさんには痘痕《あばた》はなかった」ということなので、本当の美男だったのかもしれません。

この親分の頃はまだすることが荒っぽく、芝居のセリフにいちゃもんをつけて、幕を二日開けさせなかった話が『蕎麦史考』に載《の》っています。

それは新富座の「助六」で、福山のかつぎが「美男、小安や馬の鞍、六間堀を飛び出して、大芝、芝口くいつめて……」といったのが挨拶がなかったというので、ここにあげられた八軒のやどやの親分が押しかけたのです。

私が知っている親分は、アデランスでもつければ本当に美男でした。若い頃、大恋愛をして「死ぬの生きるの」という騒ぎのあげくに結婚して、私の祖父が名づけ親になり、その三男が現在の会長です。

前会長が隠居してから、いろいろとお話を伺いました。

錦町の更科《さらしな》へ行くと、お上さんは本店のお嬢様育ちなので、当時の上流家庭では女でも裸身を恥じないところから、親分が行ったときに、「おや、清さんおいで」と風呂上がりの素裸のままで出てくるので、目のやり場に困ったなどといっておりました。

また、ここは人使いが荒く、出入りの商人でも、葱屋なら納めた葱を切らされるし、海老屋は硬い伊勢海老を頭を外して背中から梨割りにするのを押しつけられたり、と、皆、難儀をしていたとのことです。

親分の仕事は、ごたごたの仲介が多く、人使いの荒さから起こった麻布の更科《さらしな》のストライキの鎮圧や、警察に博打でつかまった寄り子の貰い下げ、岡場所（私娼のいるところ）

でお金が払えずに半纏《はんてん》を差し押さえられた者の後始末、安売りをするそば屋への嫌がらせを頼まれ、そのそば屋へ五〇円のお金を旦那店からあずかってそばの大量注文をして、相手に日常の商売をさせないなどをしたという記録も残っております。

なにしろ、その頃の職人は、落語でいう「世の中は金と女が敵なり」で、「早く敵にめぐりあいたい」と、てっとり早く敵討ができるように、敵を探せる場所は鉄火場（博打場）と岡場所でしたから、のべつこんなことがありました。

二階で博打を打っていると、「静かにしろイと捕り方が階段を駆け上がってくる、そうしたら吾勝ちに隣りの屋根に逃げるんだ」などと教えてくれたところをみると、ご本人も経験があるのかもしれません。

岡場所のほうも、祖父に「一〇円貸してくれ」と頼んだら、「明日の朝貸してやる」といわれたとのことで、無銭遊興をすると、着ている印半纏《はんてん》を差し押さえられます。するど、印半纏《はんてん》は身分証明書のようなものですから、ないと出入りができません。

親分に頼んでかわりに払ってもらうか、保証をしてもらわなければなりません。

印半纏《はんてん》は、親分もお得意をまわるときに、供に、何枚もの印半纏《はんてん》を持たせ、その店に入るときにはその店の印の半纏《はんてん》に着替えました。

更科《さらしな》系の印半纏《はんてん》は、前に「さらしな」という屋号と、その店の場所、後ろに「大紋」と呼ばれる「更科《さらしな》」という字が染め抜いてありました。

五七、そば屋の「職人」になるには

そば屋の職人には、「はまり」と「手間取り」の二種類があり、「はまり」というのは家付きの職人で、「手間取り」というほうが派遣職人です。

その違いは、「はまり」は給料が安いかわりに暖簾《のれん》分けなどの特典があり、「手間取り」は日給は高いが保証がないという点です。

しかし、「手間取り」になるためには、どこかで修業しないと、一人前の職人にはなれず、調理師会にも入れません。少なくとも、機械でそばが打てなくとも、釜前というそばを茹でたり、「振り物」ができ、「中台《なかだい》」と呼ばれる、そばの種物などの調理、天ぷら揚げくらいはこなさないと、役にたちません。

そば屋の職人は、中華料理やフランス料理のように、親方がいて、そこでペテ（見習い、チビ）まで抱え、集団で移動するという習慣はありませんので、どこか、一軒の店に、一人で入って修業しなければなりません。

では、手間取り職人になる人はといえば、それらの店で修業した挙げ句、ほとんど仕上がって、もっとほかの仕事が覚えたい人とか、敵討ちに行って返り討ちに合い、店をしくじった人とか、「はまり」では給料が安いので、もっと稼ぐ必要ができた人といえます。

そば屋の後継ぎも、「どこそこで修業した」と、あとで自慢ができるような老舗《しにせ》へ行って修業します。半年から三年くらいと、期間はさまざまです。

五八、そば屋の職人の「階級」

そば屋に素人が入店すると、まず「まごつき」と呼ばれる雑用から始まります。する仕事は、汁《つゆ》入れ、薬味つけ、出前、そば洗いといったところで、そのうちにそば作りの見習いもでき、少しずつ格好がついてきます。

ときおり、釜について、そばの茹で方も勉強できます。昔と違って、燃料がガスですから、一番むずかしかった「釜下」の技術は不必要になりました。

そのため、だれにでもそばが茹でられるようになった結果、以前ですと釜前より格が下だった調理掛の「中台」のほうが、なんとなく幅を利《き》かせるようになりました。

現在はそれでおしまいです。手打ちができ、むずかしいそば粉でもこなせる「板前」は不必要になりました。

「汁取り」は、旦那の仕事で、味はその主人の舌に合わせてありますので、とても手間取りには任せられません。汁まで手間取りが作る店は、その職人が変わると味も変わってしまいます。逆にいうと、手間取りになると、「汁取り」は覚えられないのです。

こうした職人の階級と、それに従って覚えていなくてはならない技術は、拙著『麺類杜氏職必携』をご覧ください。

職人の序列は、一応、「まごつき」「下釜」「運転」「中台」「釜前」「板前」となっており、仕事を覚えるのは、「見ること」「盗むこと」「可愛がられること」で、手を出せるのは「おゆるしがあってから」ということになっています。

手間取りに出たは良いが、海老の背中のつぶし方を知らなかったので、天ぷらを揚げたら海老が曲がってしまった話などが『そば屋の旦那衆むかし語り』に残っています。「手打ち」の技術も、昔は見よう見真似でしたが、最近では、「手打ち」をやっているそば屋で月謝を払って修業したり、「手打ちそば教室」などで、それこそ、そば屋の職人の技術を全部教えるところがあるなど、格段の進歩をしていますから、昔のような修業が逆に行き届かなくなっています。

ですから、手元を見れば、基本を知らないので、すぐにわかります。「手元を見る」というのは、仕事をしているところを見ることで、自信のない者は手元を見せたがりません。また、もの知らずは平気で手元を見せます。

五九、なぜ「出前機」で出前をするようになったか

そば屋の職人のうち、もっとも目立ったのは「出前持ち」です。

江戸時代には、出前持ちのことを「かつぎ」と呼び、そのスタイルは歌舞伎の「助六」に登場する「福山のかつぎ」の格好で、天秤棒の先に「けんどん」と呼ばれる、中にそ

ばの重箱などが入る箱をぶら下げ、かついでおります。

――山十に土佐を使うとかつぎいい　柳多留　九・二八

「かつぎ」が、お客に「内の店では、醤油は下り醤油の『山十』印で、鰹節は土佐を使っているんだ」と威張っております。

このけんどんを天秤棒につるしてかつぐのが、しだいに、台に並べて肩にかつぐようになりました。そのほうが、一度にたくさん運べるからです。江戸時代からのことでしょうか。これは、そば屋の職人の中でも特殊な職種で、店の中の仕事は、昔は朝の鰹節削りくらいで、あとはもっぱら外に出ておりました。

なにしろ、重量、四、五〇キロ以上のものを、「手の平」を反してかついだり、もっと重くなると「大工かつぎ」といって、肩に直接台をあて、台の手前を右手で押さえるという、大工が重い道具箱をかつぐのと同じかつぎ方をしました。

その写真は、拙著『そばの技術』の中に載《の》っておりますが、これは「多三郎」と呼ばれた大力者で、かついでいるそばや道具の重量は約九〇キロ、食数は「一〇〇匁《もんめ》玉」（三七五グラム）が一八〇食くらいです。詳しい内容は『そばの旦那衆むかし語り』の「南部の鼻曲がりの話」をご覧ください。

珍しいかつぎ方としては、これも更科《さらしな》一門の店である、東京築地の「さらしな乃里」に、頭の上に一〇〇人前以上のそばを「膳立て」して乗せて立っている写真があります。「膳立て」というのは、お膳の上に、でき上がったそばを並べることで、「四つ台」「六つ台」「八つ台」、もっと大きくて、かつぐのに馬鹿力がいる「馬鹿台」と丼がその数だけ並べられる漆塗りの四角い木製の浅い台に丼を並べ、その丼に「かけぶた」という、これも木製漆塗りの丸い、丼の大きさの蓋《ふた》をし、その上にさらに台を乗せ、また丼を乗せ、台を乗せ、蒸籠《せいろう》を乗せるという格好で積み上げていきます。

ところが、大正期から、自転車が普及しました。そこで、早速そば屋はその新兵器を取り入れ、九〇キロのものをかついだまま片手運転をしたものですから、警視庁から注意され、そば屋の組合のお偉方がそれについてひたいを集めて相談した様子が、東京都のそば屋の組合の『麺業史』の古いほうに載《の》っています。

しかし、そうした出前のやり方は、戦争前までお目こぼしになっていました。

その頃は、銀座の電車道にも牛車の「おわい屋」（便所の汲み取り業者）がのそりのそりと歩いていたのです。

「電車道」という言葉は、現在ではお相撲さんの世界にしか残っていませんが、それは、昔のチンチン電車がカーブが苦手だったからです。

というわけは、チンチン電車は、現在の電車がパンタグラフという横に細長い面から電気を取るかわりに、車体の屋根の真中から一本のポールが立っており、その先に小さな車輪が付き、その車輪を、ケーブルカーがロープにぶら下がるのと反対に、バネでポールを押し上げ、電線に接触させているので、凸凹道やカーブでははずれやすく、電気が来なくなり止まってしまうのです。

すると、いちいち車掌さんが、外に出て、はめなおすのですが、東京の飯田橋の先の「大曲」などでは、後ろの窓から車掌さんが半身乗り出し、上を見て、ポールに結ばれている紐を握りながら、外れないように監視する必要がありました。

終点で折り返しのときには、車掌さんが外に出て、そのポールの紐を引っ張ってはずし、車両を半周してポールを反対側に回し、またはめ込むと電車がこんどは反対に進めるという仕組みで、子どもたちには良い見ものになっていました。

ですから、「運転手はキミだ、車掌はボクだ」は謙譲の美徳ではなく、「電車ゴッコ」では運転手は「ガッタンゴットン」しかいえないのに、「チンチン」とならしたり、「ポールがはずれました」と電車を止める権限もあるので主役なのです。

「道路交通法」が整備され、片手で自転車に乗れなくなり、もっと早いオートバイが普及すると、昭和三十年代に「当麻さん」というそば屋さんが、汁ものを積んでも汁がこぼれないような、現在の出前器をオートバイに付ける方法で特許を取り、普及したのです。

しかし、運べる量は、二〇分の一以下になりました。

六〇、なぜ「出前持ち」は「ドンブリ」のついた腹掛けを着ているのか

出前持ちのスタイルは、拙編著の『そば屋の旦那衆むかし語り』の表紙の絵のとおりです。頭は六割が角刈り、三割が丸刈り、一割がざんぎりといったところで、絵の人間は角刈りを無精した格好です。

上に印半纏《はんてん》、下は「パッチ」です。このパッチというのは、『広辞苑』によりますと、「股引の足首まであるもの」で、朝鮮語が語源だそうです。

おしゃれは、だぶだぶの絹製のパッチを履き、色も紅のものもあったそうですが、そ

ば屋のパッチはもっと短くなり、木綿の紺染めがふつうでした。

足袋は冬でもはかず、足には、「割り雪駄《せった》」と呼ぶ、草履《ぞうり》の裏側に、三センチ角の朴《ほう》の角材を五、六本縫いつけ、キャタピラーのように滑りにくくしてある安い履き物をはいていています。

そして、印半纏《はんてん》の下に見えるのが「ドンブリのついた腹掛け」です。ドンブリといっても、現在の食器のドンブリではなく、ものを入れる場所のことです。

「腹掛け」は、現在でも「金太郎さん」の着物になっていますが、男の子は夏は皆こんな格好で遊んでいました。もちろん、後ろから見れば裸です。

雷様にオヘソを取られない用心です。

——かみなりをまねて腹掛けやっとさせ　　柳多留　一・二

大人の腹掛けは、やはり上から被って着るものですが、布を金太郎さんのように三角には使わず、四角いまま、股が隠れるくらいまであって、ふんどしを隠します。

そして、その下腹のあたりに、カンガルーのように袋がつけてあり、そこに集金してきた売り上げを入れます。

私物は、シャツの上に寅さんがしているようなラクダの幅広の腹巻きを二つ折りにしてしめている間に、たばこから手ぬぐい、自分の小銭まで入れておきます。

これをドンブリといいますが、『蕎麦の事典』によりますと、これは「だんぶくろ」か朝鮮語の湯器である「たんばる」の鈍ったもので、だんぶくろのほうは何でも入れてしまうものですから、「腹掛けのドンブリ」も、食器の「丼」もどっちも正しいのでしょう。

食器の丼は江戸時代から使われ、『蕎麦の事典』の表紙の「鬼薊《おにあざみ》清吉」が持っている丼の形は「六角形」です。これは、同じ直径なら、「半円」ものが一番容積が大きいからでしょう。

丼の格好の種類についても、『蕎麦の事典』をご覧ください。

江戸期には、丼は少しずつ小さくなっていきますが、現在では、とても手で持てないほど大きいものが流行っています。

関西では、この大きなどんぶりからどうやって食べるのでしょう。唇の両脇から汁が溢れ出しそうですし、第一、重いでしょう。

●出前持ちのスタイル

頭は六割が角刈り、三割が丸刈り、一割がざんぎりといったところで、上に印半纏、下はパッチ。

冬でも足袋をはかなかった。

六一、なぜ「そば」を食べた後で「そば湯」が出てくるのか

そば屋へ入ると、最近でこそ初めにお茶が出てくるようになりましたが、以前はお茶を出すと、お茶の味が口に残ってそばの味を損なうという理由でお茶代を節約し、そのかわりに、そばを食べた後に、ほかでは出さない「そば湯」が出てくることになっていました。

この「そば湯」というものは、お茶やただのお湯よりはるかに栄養があり、『江戸自慢』の著者も何杯もそば湯を飲んで腹のたしにしたり、「弥次郎・北八」が、沼津の先の原(宿)で無一文になり、そば湯を飲んで腹の虫をなだめるなど、「茶腹も一時」よりもはるかに効果があります。

なぜなら、そば湯は、わざわざそば粉をお湯の中に溶かし込んだものではないといっても、そばを続けて茹でているうちに、そばの優れた蛋白質と澱粉とか溶け出して、ねっとりとしたお湯になっているからです。

最近では、そのそば湯も、そばを食べ終わる頃、小さな容器で一人前ずつもってきますが、昔はもっと大きい「湯桶《ゆとう》」に入れられ、テーブルの上に乗せられておりました。

その理由は、湯桶《ゆとう》に入れられているそば湯は、いちいち釜からくみ出すものではなく、そばを茹でている間に、そば釜の中の茹で湯が濃くなりすぎ、ねばりが出始めますと釜の底に焦げつきますので、「釜をかえる」といって、中の茹で湯を捨て、きれいなお湯にかえるか、「半抜き」といって、釜の湯の半分を捨て、新しいお湯をはり、焦げつきを防ぎます。

そのときに捨てるお湯を、大きな四角い湯桶《ゆとう》に入れて、客席に出しておくのです。小さいと、すぐに冷めてしまいます。

いわば廃物利用ですが、これがなんと効果があるのです。そばを食べた後にそば湯を飲む習慣には、なかなか理屈と伝統があるのです。

『蕎麦全書』にわざわざ「そば後そば湯出す事」という一項があり、それによりますと、筆者の友蕎子《ゆうきょうし》さんが「信州諏訪辺」を通ったときに、旅籠《はたご》でそばを出してくれ、その後にそば湯が出てきたので、「江戸ではそばの後には豆腐の味噌汁を飲んでそばの毒を消すのに、なぜ、そば湯なのか」と訪ねたところ、

「そば湯を飲むと、そばを食べ過ぎてももたれることなく、腹具合がよい」というので試してみたら、まことに具合が良いので、江戸に帰ってから、友達に教えたところ、皆、そうするようになった、ということで、江戸でそば湯を飲むようになったのは、一七五〇年以降のことということになります。

そうしてそば屋でそば湯を出してみると、「お腹におちつく」ほかに、もう一つの効用があることがわかりました。

それは、食べ終わって、猪口《ちょこ》の中に残っている汁《つゆ》の上にそば湯を足して飲むと、大変美味しかったのです。

それればかりではなく、そば汁《つゆ》にそば湯を足して薄めて飲んでみると、そば汁《つゆ》の味が変わらずに薄く延びる場合、やけに砂糖甘くなる場合、まったくお湯の味しかしない場合とがあるのがわかりました。

そして、これが「汁《つゆ》の善し悪し」の判定に役立つこともわかりました。

もちろん、そのままの味で薄く延びが利《き》く汁《つゆ》が最高です。こうすれば、そばを食べているうちに「最初の一口、二口は美味しいが、すぐに水っぽくなる」ような内容のない汁《つゆ》か、出汁が利《き》いていないのに、砂糖でごまかした汁《つゆ》かどうかが判明するのです。

●そば湯でわかる汁の善し悪し

そば汁にそば湯を足して薄めて飲んでみると、
そば汁の味が変わらずに薄く延びる場合、
砂糖甘くなる場合、
お湯の味しかしない場合、
とがある。
そのままの味で薄く延びが利く汁が最高。

もちろんそば湯は、そば湯だけで飲んではあまり美味しくありません。ですから弥次さん北さんも、「薬を飲むんだから、もっとそば湯をくんねえ、ちょこっと汁《つゆ》も入れてくれ」と頼むのです。

堀田勝三さんの書いた『うどんのぬき湯』には、昔、そば屋へ人が来ると、偉い人にはお茶を出すが、ふつうは「おしなゆ」を出したと書いてあります。この「おしなゆ」もそば湯にもり汁を入れたもののことで、「お信濃湯」という漢字を書きます。信濃というと、そばの名所です。

そば湯を入れるのは「もり汁」の場合で、「種物」のときに湯桶《ゆとう》が出てこないのは、そうした汁の吟味にも関係があります。

江戸風の種物の汁は「飲んじゃあ辛いが食っちゃあうまい」ような濃度になっていますので、種物の汁もそのまま飲んでは辛いでしょう。

しかし、江戸では、丼ものの汁を、丼に口をつけて飲み干すようなはしたない真似はしないのです。

丼は手に持っても、口は近づけず、中身を箸でつまみ上げて食べます。

六二、なぜ「そば湯」を「湯桶」といい、湯桶はふつう四角いか

そば湯が入っている容器を、そば屋では「湯桶《ゆとう》」と呼びます。そして「湯桶をくれ」といわれたら、そば湯を頼まれたことになります。

最近、一人前の小さな湯桶《ゆとう》が登場するようになったのは、プラスチックが発達したためで、それ以前は木製の四角い大きな、中に二リットルも入るような朱の漆塗りの容器でした。その原因は、そば湯がいつもできないので、冷めないように、保温性のある容器に大量に入れたからです。

現在のように、そのたびにお釜からそば湯をくみ出してお客様にサービスしていては、釜前の仕事もやりにくいし、そば湯のほうも、あまり濃くなく、美味しくないでしょう。

大量の湯を入れるためには、丈夫でなければいけません。丸い形ですと、曲げ物でこしらえることになりますが、樽と違って糊づけで、熱いものには向きません。

そのため、檜で頑丈に組み合わせ、がっちりとした構造になったのです。

また、四角くなって、取っ手も注ぎ口も角についているのは、四角い枡から「枡酒」を飲むときに角から飲むように、角からつぐとあふれることがないせいです。

このため、人の話に「横から口を出す」と「湯桶《ゆとう》はお止し」とたしなめられます。

私も、これまで、「他人のそば談義」に随分「横槍」を入れてきたかもしれません。

このへんで湯桶を止めることにいたします。

あとがき

　ここに書きましたことは、何も目新しいことではなく、これまで、折にふれ、あちこちに書き散らかしましたことを、簡単に見つけられるように取り集めたものです。

　ただ、「そばの文献」は、昔はあまり需要がなく、出版部数も少なかったので、今になると探すのに苦労します。

　たとえば、私がこれが最高の「虎の巻」だと信じている『蕎麦史考』は錦正社という出版社から、わずか二〇〇〇部刷られ、それでもなかなか売れなくて、私のところに「あと三部残っている」と知らせがあったときに、「みんなくれ」と買い込んでおいたのですが、後になって、当時「日本そば新聞」の編集長をボランティアでやっておられた、国立国会図書館の副館長さんであった陶山さんから「おまえ四冊ももっているんだってナ、一冊分けろ」といわれたり、ぜひにと懇願されたりして、手元に一冊しか残らず、私が、大病をしてもう文筆活動は無理だろうと、自分の資料を全部岩崎信也さんに譲ったときにも、自分の著書のほかは、その一冊だけをいまだに手元に残してあります。

自分の著書でも、『そばの技術』と『そばつゆうどんだし』は手元にありません。これは、そうした資料が、どこに書いてあるかを残しておくために書いたようなものです。

そういえば書き残したことに、「大田庵のおかめ」の看板は、平井の増音さんが手に入れられ、所蔵しておられ、たしか、現在は江戸川区区役所が郷土資料として管理しておられるかもしれません。その中には、古いそば屋の貴重な道具もたくさん含まれております。

幸いにして、体力も回復いたしましたので、これからも、また、心に移りゆくよしなしごとを書く機会もあるかと思います。

藤村和夫